Judicial Compulsory Approval System of Bankruptcy Reorganization:
Principle and Binary Review

破产重整
司法强制批准制度：
原理与二元审查

王 池 ◎著

人民法院出版社

图书在版编目（CIP）数据

破产重整司法强制批准制度：原理与二元审查 / 王池著 . -- 北京：人民法院出版社，2023.5
ISBN 978-7-5109-3707-1

Ⅰ.①破… Ⅱ.①王… Ⅲ.①破产法—研究—中国 Ⅳ.①D922.291.924

中国国家版本馆 CIP 数据核字（2023）第 007129 号

破产重整司法强制批准制度：原理与二元审查
王　池　著

策划编辑：兰丽专
责任编辑：丁塞峨
封面设计：尹苗苗
出版发行　人民法院出版社
地　　址：北京市东城区东交民巷 27 号（100745）
电　　话：（010）67550656（责任编辑）　67550558（发行部查询）
　　　　　65223677（读者服务部）
客服 QQ：2092078039
网　　址：http://www.courtbook.com.cn
E-mail：courtpress@sohu.com
印　　刷：三河市国英印务有限公司
经　　销：新华书店
开　　本：787 毫米 ×1092 毫米　1/16
字　　数：204 千字
印　　张：13.25
版　　次：2023 年 5 月第 1 版　2023 年 5 月第 1 次印刷
书　　号：ISBN 978-7-5109-3707-1
定　　价：59.00 元

版权所有　侵权必究

一

大约在 2018 年，时任西南政法大学民商法学院院长的赵万一教授同我言及一位新入学的博士生，王池同学，希望我能够作为该同学攻读博士阶段的第一导师，他作为第二导师。他说："王池同学已经是一位有着丰富民商事审判经验的法官，特别是在破产法领域有着其独到的见解。虽然他工作确实忙，但却能够抽出时间来，对理论问题不断探究。这位同学基本功扎实，能够阅读、翻译英文的法学原文文献，已经具备了学术研究的良好素养。考虑你有海外留学背景，找你作为他的第一导师，希望在破产法比较研究领域给予他更多的引导和指导。"我欣然应诺，但实话讲当时有点小嘀咕，或许是内心对定向报考的博士生有着点结构性小偏见。

随后的预判之外是，在承担繁重的审判任务的同时，王池同学经常"光顾"我办公室请教专业问题，我也乐得直接把他作为实证调研对象，一番探讨交流之余倒获益不少，甚是欣喜。王池在其博士生阶段发表了多篇高水平的学术论文，其中在《法学评论》刊发的《法际交集中的重整企业所得税：理论协调与制度重构》一文获得人大复印资料转载。孔子说："贤哉，回也！一箪食，一瓢饮，在陋巷，人不堪其忧，回也不改其乐。贤哉，回也！"。估摸着这几年的工作、家庭与学业的三者兼顾，非心安、神定、意坚不能为也。

二

《破产重整司法强制批准制度：原理与二元审查》一书，源于王池同学的博士论文《破产重整中的司法强制批准审查制度研究》一文。作为一位在破产法领域有着丰富审判经验的法官，王池同学对破产案件的数据分析、经济动因及审查依据保持着职业的敏感性。

倘论及破产重整案件时，学界可能会更多地聚焦于债权人的利益平衡。如果债权人利益无法得到平衡，那么审判法官由此作出的司法强制批准则可能会被认为是武断的，有滥用司法强制批准权之嫌。有学者提出"学界对于强裁规则滥用的批评由来已久"，"我国《企业破产法》第八十七条引入强裁规则本意为移植最先进的破产法经验，但是这条规则在我国司法实践中却面临窘境，恰如南橘北枳，叶徒相似，味实不同"。

本书从案例数据入手，发现近几年重整类案件仅占破产案件的15%左右；而适用强制批准的重整类案件，仅占重整类案件的8.3%左右。数据背后说明了法官并未"滥用"强制批准权，相反地，这是一种"慎用"。这就形成了一种鲜明的对比：重整制度作为破产法创新最为突出的领域，和司法实践案例量低下的现状不相匹配。

"慎用"折射出司法实践的迷失。法官对司法强制批准审查的适用，到底要维护或者说恢复怎样的法律秩序？是将重整中的公司财产作为一项资产池最大化照顾到债权人利益，还是以政策为导向，去产能、优结构呢？

本书显然并没有经由上述路径寻找答案。

重整相对于破产清算，其目标价值在于维持企业要素作为经营体持续存在，而不是散化了的资产形式。既然作为持续经营体存在，那么适用于正常企业体的制度经济学说假设同样也适用于重整状态的企业。这个发现具有创新性。基于此，本书引入了司法强制批准制度的理论基础——团队生产理论。

维持团队生产理论基础这一制度经济学假说的核心内容是团队生产合同的缔约、履行。在该理论中，合约谈判、缔约、履行均由法人的信托人予以完成。因而，认识这一理论的价值内核在于认识信托人的信托义务是否得以正当履行。

破产重整中的企业体，当然有其信托人或管理人，抑或债务人自行管理下的原有高级经理人。然而，不论何人受信履行信托义务，法官强制批准权之行使，核心就在于审查信托人就企业持续经营的团队生产合同是否被正当履行。

三

一篇文章，一本书籍，倘若仅发现实践中的理论问题，而未有提出问题解决之道，难言优秀。是故，"学而不知道，与不学同；知而不能行，与不知同"。

知晓了司法强制批准审查内核在于审查信托行为是否被正当行使，那么接下来就需要理解何谓"正当行使"，否则难有审查依据。

本书提出重整信托人的行为依据是否具备自由裁量权，应区分为刚性信托行为和自由裁量信托行为。刚性行为，没有自由裁量的空间，刚性行为的不正当行使，对应的就是侵犯合法权利；自由裁量行为，存在着自由裁量的空间，自由裁量行为的不正当行使，对应的就是不当损害破产重整中利益相关者的正当权益。

法官的司法强制批准审查，就是审查重整利益相关者合法权利有无被非法侵害，以及正当权益有无被不当损害。《企业破产法》第八十七条关于破产重整司法强制批准制度的条件构建，就是围绕着权利有无非法侵害、正当权益有无被不当损害展开的，期间的调查权审查、衡平尺度的审查，无非是上述两项内容的具体展开。

鉴于此,《破产重整司法强制批准制度:原理与二元审查》一书,不仅在理论上论证了司法强制批准审查所要实现的价值秩序,而且通过信托行为的二元分解,论证了司法审查权行使的依据、标准和方法。这种全新的理论视角,对破产重整司法实践的展开,是具有积极的理论和实践价值的。

是为序。

李 燕[*]

2023年3月23日于西南政法大学

---

[*] 李燕:西南政法大学研究生院院长,西南政法大学民商法学院教授、博士生导师。

一、缘起

王池法官是我在西南政法大学所指导的商法学博士研究生。他出身于福建农家，辗转求学于泉州、北京、重庆，品学兼优、勤奋向学，先后在清华大学和西南政法大学分获法学硕士和博士学位。由于长期受爱拼敢赢观念的熏陶，使其无论在工作还是学习中都朝乾夕惕、勤勉奋进，在平凡的岗位上做出了不平凡的业绩，先后荣获"全省优秀法官"与"福建省审判业务专家"的光荣称号，可以说与西南政法大学结缘之前，他已然对商事法学的探究有着热切的求索欲望和深厚的学术素养。

"幸生期间者，不可不知有生之乐，也不可不怀虚生之忧"。也许是于"居安"之时，仍然不忘学术上的"思危"，让王池法官在肩负繁重审判任务之时，仍然将自己置身于学术的海洋之中。此正是法之魅力所在。法，不但是规则和秩序的守护者，更是关于善良与公正的艺术；在向善、追求公正的道路上，法学研究者和法律工作者既应有悲天悯人、扶弱济困的情怀，更应有铁肩担道义的责任担当。

在向善、公正的探索过程中，王池同学形成了自己的一些学术见解，并将之形成一系列高质量的论文予以公开发表。这本呈现在读者面前的理论著述《破产重整司法强制批准制度：原理与二元审查》不但是其多年学术积淀的集大成者，更是对其丰富司法实践的提炼和升华。

二、本源

破产重整的制度本源是什么？只有理解了这一层次，才能够领悟法官行使强制批准权的真正意蕴。然而，法律制度最大的智慧，并不会了然于语言文字之上。更多的时候，它需要透过系列个案，在各方当事人的争讼中，在法官的法律续造中，才能得以细细品味。

问题是，争讼也罢，续造也罢，由于受困于纷繁复杂的利益纠葛，因此可能让我们无法静心品味法律之意蕴，追求法律之真谛，而是痴迷于社会关系之表象，由内向外追求一种幻化的泡影，从而失去其真心、初心和本心。我们越向外寻求，离法律本具品质的距离就越远，所以古人讲"转求转远，不求更远"。因此，要把司法强制批准制度的法律品质发掘出来，就必须从先入为主的思想、观念、思维方式的种种束缚中挣脱出来；从当下的争执、教条、义利中解放出来，探求制度的本源。

《破产重整司法强制批准制度：原理与二元审查》显然已然直指制度本心：它所要寻求的理论本心，并非传统破产主义一时一地的导向，亦非债权人讨价还价理论中侧重于资产池的利益分配平衡，它探求的是可持续经营假设下各生产要素在遇到挫败时何以能继续紧密结合的命题。

"二三子以我为隐乎？吾无隐乎尔。"法律的本心是质朴的，一切都是现成的，并不需要去刻意隐瞒或掩饰。企业的利益相关者同进步、共患难的团队生产理论，这一质朴的思想理论，就成为支撑本书重整企业持续经营何以存续的基础答案。

三、二元

企业的持续运营，有赖于经营团队成员之间的协同配合。但团队成员之间有不同的利益诉求，或诉求远益，或诉求近需，或兼思群益，或独虑私益，凡此种种，不一而足。因此，对作为集体存在物和利益聚集体的企业而言，妥善协调多种利益诉求之间矛盾就显得至关重要。

然则，协调诉求之重整企业信托人，在法的真谛前，并非秉持增益相关者利益的理念，而应遵循"诚实生活，各得其所，不害他人"的要求。"不害他人"要求利益相关者在重整中的合法权利不被非法侵害，要求利益相关者在重整中的正当权益不受不当损害。易言之，非法侵害和不当损害是阻却资源要素存续结合的一大障碍。要求重整信托人不伤害他人，就是要求重整信托人做好自己的本分，要忠实、勤勉、注意，根据事情本原曲直处理事务。

事情本原曲直，在本书中被予以了二元行为分解，其一为刚性信托行为，其二为自由裁量信托行为。刚性行为，倘符合条件，信托人必"为"，倘不符条件，信托人必"不为"，没有选择的机会；倘信托人相向而行，则为不法侵害。自由裁量行为，则并非条件的考虑，而是需要衡平考虑，以体现公平、正义；倘信托人未予衡平考虑，则为不当损害。

四、观察

法官在重整案件中行使强制批准权，应"不取于相，如如不动"。从根本上讲，法官不是当事人，亦非信托人，在重整案件中，他的主要角色是观察者。

作为观察者的法官，不取于相，要求他们不执着于重整事务的眼前利益分配，眼光放远；如如不动，要求他们面对重整事务，应以平静之心态观察之。

静心、分解、溯源，这三者完美地阐释在本书中，这也是本书令人称道之处。当然，书中或有稚嫩，或有不纯熟，但这是学术寻道途中人所难免的。

作为王池同学的博士指导老师，我特此向大家郑重推荐此书，同时也期待王池同学不断有更为优秀的著述问世，以助推中国法治事业尽早傲立于世界之林。

是为序！

赵万一[*]

2023年3月1日于西南政法大学

---

[*] 赵万一：中国法学会商法学研究会副会长，《现代法学》主编，西南政法大学民商法学院教授、博士生导师。

前 言

本书通过 iCourt 大数据进行抓取，发现 2014 年之前全国各级法院受理的破产案件年均不超过 500 起，2015—2016 年则跃升至年均 900 起，而 2017—2019 年则维持在年均 2000 起，年化环比增长率达 30% 以上；但是破产重整类案件在 2017—2019 年度中占总破产案件的比例稳定在 15% 左右。而具体化到重整强制批准案件，本书分析了 2014 年至 2021 年 2 月 28 日的重整强制批准案件，发现破产法官适用强制批准的案件仅有 5 件，占到破产案件总数的 8.3%。从上述案件样本数据分析，本书发现似乎法官不是滥用强制批准，而是谨慎适用，这与破产法学界对重整强制批准的批评截然相反。司法强制批准说到底就是一种司法审查，慎用一定存有缘由，本书对案例数据进一步分析，发现破产重整的司法审查尺度、标准、界限的模糊不明使然之。于是这也就出现一种尴尬的情形，破产重整是破产法规则创新供给最活跃的领域，却与司法实践之间出现了脱节。因此，作者认为，有必要从形而上思维的高度去追问、探究破产重整司法强制批准所要追求、实现的破产法秩序是什么，也只有明细了破产重整司法强制批准所要实现的法秩序，也才能厘清重整司法强制批准的界限、尺度，缝合破产制度供给与司法实践需求二者之间的裂缝。

司法强制批准是要实现破产法所要达到的法律效果，还是给予债权人再次谈判实现平衡的效果？笔者认为，政策安排只能一时一地，是个案效果。债权人讨价还价，侧重于资产池的安排，同时也脱离了重整涉及诸多利益相关者的事实。破产重整区别于破产清算，核心在于维持企业多元素资源紧密结合的可持续经营假设，而这种假设是制度经济学上的团队生产理论带来的。本书认为，破产重整的这一假设同样也适用于团队生产理论。由此，本书尝试将团队生产理论引入破产重整强制批准审查中，并在层层剖析、论证后认为，团队生产理论可以作为破产重整司法强制批准有效的理论支撑。

　　团队生产理论基础是团队生产协议，团队生产协议的缔约、履行及修正等由团队信托人予以运行，团队生产协议授权团队信托人决定团队发展方向及团队租金、盈余等利润的分配，因此，企业的信托人对企业、对利益相关者就存在着信托义务。认识团队生产理论这一理论的核心在于认识信托义务是否得以正当履行，相应地，在破产重整司法强制批准中，法官强制批准所达到的生产团队持续经营假设，核心也在于审查、确保破产信托人的信托义务是否得以正当履行。

　　理解破产重整中信托行为的正当履行，需要对信托人行为有正确认识。本书借鉴行政法中行政行为的分类，根据重整信托人行为是否具备自由裁量权，区分为刚性信托行为和自由裁量信托行为。刚性信托行为，指的是没有自由裁量的空间，当符合某种事实条件或事实状态时，信托人必须"为或不为"一定行为，否则违背信义义务。刚性行为难点就是不确定概念的确定化问题，商法空间解释的多样性需要不确定概念的存在。具备重整价值就是一种典型的不确定概念，破产法官在这种不确定概念的确定化中，要审查破产信托人是否充分行使了调查权，这种调查权包括资产属性调查、宏观属性调查等事项，而且在调查权充分行使后，破产法官还要审查破产信托人是否有就调查的事项向利益相关人充分披露与说明，并对利益相关人提出的异议予以接收、合理辨析。本书认为，既然破产重整以公司持续经营为根本目的，那么破产信托人应坚持以破产重整为一般，破产清算为例外的破产重整准入模式。自由裁量信托行为，指的是存在着自由裁量空间的信托行为，多指商业判断性质的信托行为。自由裁量信托行为重点审查的是"是否存在不当"，也就是尺度和平衡。尺度和平衡集中体现为重整计划的可行性等，信托人在重整计划可行性中应当秉持善意，具体化为绝对优先权的坚持。虽然绝对优先权原则是破产重整的圭臬，但该原则仅适用于账目结清、价格确定的条件，在破产重整中主要指出售式重整；而资本结构调整方式的重整，绝对优先权适用上存在诸多困境，如司法估价的无休止辩论及辩论成本非理性放大等。本书为此提出相对有权理论，以时间换空间的理念，以合约方式改变优先级债权人与劣后级债权人的行权时间，从而解决估值困扰、价高者得等绝对优先权存在的问题。

本书不仅分析了破产信托行为本身性质，还进一步深入探讨了破产信托行为的法律效果。本书认为，破产信托行为在决定利益分配时难免对利益相关人造成利益的侵害。破产信托行为二元化折射到行为效果上也相应体现了二元化特点。一类是对权利的侵害，具有刚性信托行为的特点，只有法律规定授权才允许侵害，否则就是非法侵害，权利人有权直接救济；另一类是对权益的侵害，具有自由裁量信托行为的色彩，即便法律规定、合约约定不得侵害，但如果侵害是被认定为公正、公平与适度的，那么这种侵害也属于正当侵害，是被允许的。

从实践中来，到实践中去，最终团队生产理论应回归到司法实践中。本书认为，既然法官无法深入调查获取完整信息，也不具有商业判断的专业水准，那么他的角色只能是观察者，而非积极参与者或行政意义上的批准者，他主要通过团队生产协议中的要约、承诺、变更、履约等各方当事人活动捕获、重整信息。从这个意义上说，司法强制批准审查实质上就是对团队生产协议持续经营根本目的的解读，对团队成员最低期待利益的保护，对分配利益修正中出现异见者的引导。

最后，本书认为，从团队生产理论视角看，司法强制批准审查在法律制度存在着一定缺陷，应从立法上对《企业破产法》进行微调，以期将我国破产重整司法强制批准审查在行事风格上由法院主导转化为尊重利益相关方团队协议的履行、修订的法律路径上，从而实现理论与立法、司法三者的动态有机协调、重构。

目 录

绪 论

一、问题的提出 3
二、研究进路与框架体系 6
三、文献综述 12
四、理论创新及研究方法 23

第一章
问题发现:以福建省破产重整案例为样本分析

一、重整模式及信托人 31
二、信托义务 36
三、重整计划草案的表决次数及表决方式 41
四、强制批准的案例分析 44
五、表决组别的设置 48
六、驳回重整申请的理由 52
七、重整投资人的招募 54
八、模拟清算分析的依据 56

九、重整价值的判断 59
十、重整可行性判断 62
十一、法官批准重整计划草案的考虑因素 64
十二、小结 66

第二章
理论源起：团队生产理论及中国语境解读

一、公司危局及传统主义破产理论 71
二、债权人讨价还价理论 72
三、团队生产理论 75
四、作为破产重整的团队生产理论 79
五、两种理论的比较分析 86
六、破产重整中的信义义务 90

第三章
刚性信托：以不确定概念为审查重点

一、不确定概念 110
二、宏观因素的调查 113
三、资产属性的调查 118
四、判断的原则、价值确定的行使 119
五、不具有重整价值的司法审查权 122

第四章
自由裁量：重整计划的可行与分配尺度

一、重整计划的可行性 128
二、绝对优先权的遵守 131
三、绝对优先权适用的逻辑困境 134
四、相对优先权及其优势 136

第五章
权利和权益：侵害与正当损害

一、破产重整的权利与正当权益 143
二、正当权益的正当损害 144
三、异见者及最低期待测试 148

第六章
司法审查：角色及原则

一、作为观察者的法官 159
二、重整过程中不确定概念的司法审查 160
三、权利损害及正当利益不当损害的审查 162
四、商业裁判自由裁量的司法审查 164
五、重整计划草案的强制批准审查 166

结论与建议 173

附件 1. 本书引用的 60 宗司法案例 177

参考文献 180

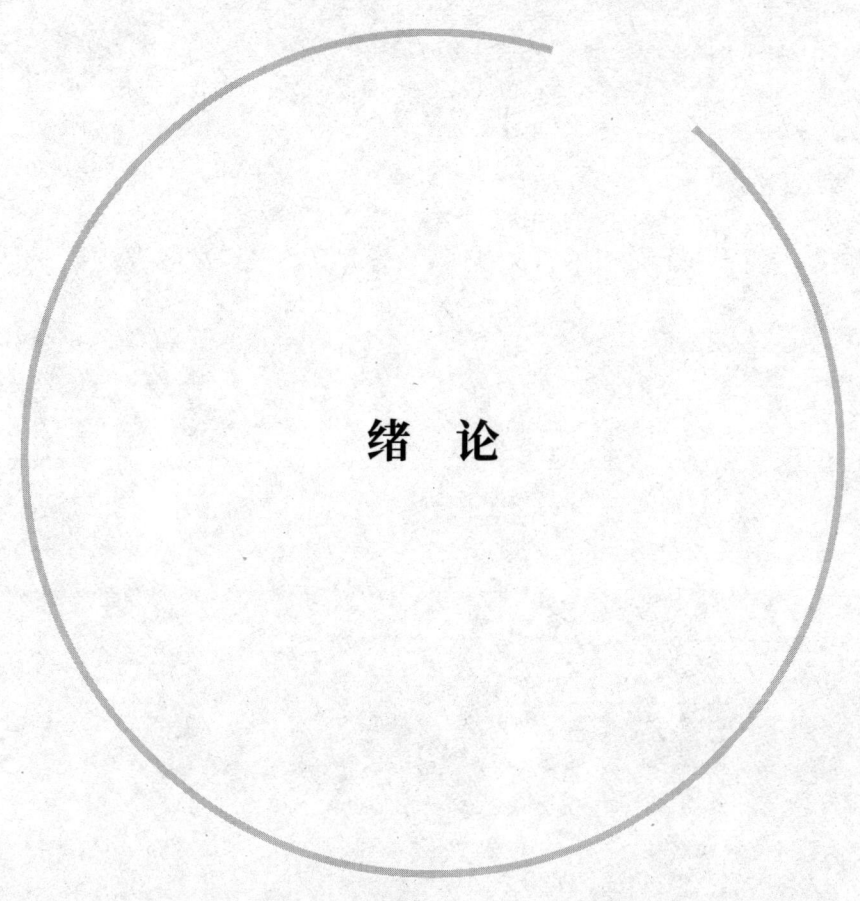

绪　论

一、问题的提出

我国经济正处于现代服务、科技转型的"L"型经济转型进程中，在这一进程中，一些因没有及时调整战略发展方向的企业，遭遇了重大财务困境，最终走向破产程序。一般的假设是，在破产重整制度越成熟的情况下，企业破产数量越多，则适用破产重整的案例数和比例就会越高。然而，本书通过iCourt大数据进行抓取，发现2014年之前全国各级法院受理的破产案件年均不超过500起，2015—2016年则跃升至年均900起，而2017—2019年则维持在年均2000起，年化环比增长率达30%以上；破产重整类案件在2017—2019年度中占总破产案件的比例稳定在15%左右。也就是说，我国司法重整案例量虽然具备逐年上升的特征，但在比例上却保持不变。相对较低的重整比例折射出一种现象：我国破产重整制度尚难称为成熟。

通过引进新的投资人或改变资本结构的重整行为，及时调整企业发展战略，是有利于将存量资源转化为增量资产的。但是，由于破产重整中各利益相关主体在重整企业的价值判断上存在着重大分歧，使得破产重整计划难以推行，意见的分歧造成破产程序的司法拖沓，使一批富有重整价值的企业彻底陷入僵局，从而最终导致社会资源的浪费。如无法院的强制批准制度，破产程序将走入清算，使得存量资源无法产生相应效应，造成经济效率的下降。从上述数据来看，破产重整类案件在破产程序中占比的确较低。

我们调阅了2014年至2021年2月28日福建省全省审结的破产重整案件共计60宗，其中各组别皆通过予以批准重整计划草案的占多数，为31宗，占比为51.67%；组别不通过的情况下，司法强制批准裁定的5宗，占比为8.3%；驳回破产重整申请、移送管辖、合并重整、终止重整程序宣告破产或转破产和解的共计24宗，占40%。本来申请破产重整程序的案件占总体破产案件中的比重都相对较低，且已申请破产重整程序的案件还有很大一部分转破产或和解程序。上述数据印证了在福建省的司法实践中，在组别未获通过的情况下，法官对强制批准裁定的态度是十分谨慎的，并不存在滥用强裁规则的问题。

法官在强制批准裁定方面的谨慎态度，折射出重整强制批准制度的核心问题：强制批准司法审查的界限和尺度是什么？

上述问题倘若不予厘清，则司法实践容易出现纷争。更多的时候，法官更多地倾向于选择清算模式，而不是支持强制批准的重整模式。但法官在司法实践中的法律心理，与优化存量资源的社会要求方面，出现了一定的矛盾。

正本清源。厘清破产重整法院强制批准审查制度的理论基础，会为法院在作出强制批准司法审查时的应为与不为界定清晰的界限，亦对减少司法纷争有所裨益。

自2007年《企业破产法》第一次正式引入重整制度后，司法及理论更多地聚焦在破产程序中各相关主体的利益保护问题上，比如利益平衡机制、分配的优先权顺序等问题，为此展开了破产的社会政策导向理论和债权人讨价还价理论的讨论。这些理论对破产重整制度的发展的确有所裨益，但在论证方面侧重于宏观，在微观上的着力点稍显不足。破产重整当然需要宏观把握，但重整行为的微观分析，对法官而言，更为重要。对重整行为特别是信托行为的审查把握不足，使得法官的决定在强制支持重整计划方面踌躇不前，从而造成了制度宏观供给和实际应用出现了偏差。一言以蔽之，现有的破产重整理论体系在论证、支持司法强制批准审查的司法边界尚缺少较为清晰的表述，在破产重整司法强制批准审查上缺少有力的理论支撑。

基于上述考虑，本书参考了玛格丽特·布莱尔和琳恩·斯托特教授的破产重整团队生产理论，并将其置于中国商法语境进行解读后，认为破产重整仍然保持着企业持续性经营的假设，团队生产协议继续在破产重整状态中生效。团队生产协议关于信托义务的理论陈述仍然是破产重整中信托人行为的指引。强制批准审查乃是对破产重整信托人相关信托行为的审查，团队生产理论的原理及其对信托行为的理解，可以成为中国破产重整强制批准司法审查的理论依据。

团队生产理论将公司组织体视为由统一契约结合起来的要素结合体，这样的契约结合体，即使在公司处于现金流量不足或资不抵债的场景下仍然有效。在该等契约结合体下，公司董事会、高管或者破产重整状态中的管理人、债权人委员会充当信托人的角色。信托人基于团队生产协议的授权，行使商业决定的权限。但是，信托人的商业决定权限，分为两种类型，其中一种类型为刚性决定事项，也就是符合事实状态或事实证据的要求，信托人只能作出某项决定，如果不作为的话，信托人就违背了信义义务；另一种类型属于商业判断存在自由裁量空间的行为，信托人可以在一定幅度范围内选择其具体决定事项。

对破产重整中的事务行为进行分类，可以为法官的司法行为提供审查尺度。刚性的信托决定，需要在充分调查的基础上，对事实证据予以判断。法官对刚性信托决定的审查，必然是建立在事实证据审查的基础上，以及事实证据所围绕的不确定概念的确定性审查问题上。对存在商业判断的自由裁量空间的信托行为，法官的审查需要考虑该行为是否具有公平、公正性，以及是否秉持善意、符合平衡适度的尺度。

二分法的信托行为，贯穿破产重整程序的全过程，并最终形成了破产重整计划草案。法官对破产重整计划草案的强制批准裁定，也必然建立在二分法的审查基础上。现行的破产法所要求的法官审查原则，比如绝对优先权原则、最少组别接受原则、地板清算规则等，其实是一种片断式的、零散性的司法原则，它们需要在一个二分法的框架内被串联起来，形成一个有机的司法审查体系。

本书正是基于团队生产理论在中国商法语境解读的基础上，将破产重整信托人的行为作二分解析。在二分解析上,重整司法强制批准制度需要区别不确定概念来确定司法审查和商业判断自由裁量司法审查方法,并将企业破产法设定的诸原则构建在二分法有机系统的基础上,从而形成一个逻辑自洽的系统。

二、研究进路与框架体系

本书的研究进路采用从发现问题到解决问题、从一般到具体的认识论方法。具体而言,本书通过案例数据分析发现法官在适用司法重整强制批准方面的态度较为谨慎,出现了司法重整制度供给与司法实践不相匹配的特点,由该问题出发,提出解决制度供给矛盾的方案是为司法强制批准审查尺度、标准提供理论支持。

基于理论支持的角度,本书梳理了破产重整的各理论学说,并结合中国商法语境实施考察,发现契合中国破产重整法律制度的理论基础,以统摄全文。破产重整的理论发现,为重整事务中各行为的分类提供了基础依据。基于团队生产理论的发现,破产重整计划草案的草拟中及草拟前,重整信托人所为重整事务,被区别为不确定概念确定的刚性信托行为和商业判断的自由裁量行为。两项行为的作出,均存在着对破产重整利益相关者权利损害或正当权益损害的空间。是否存在对权利的非法损害,或者正当权益的不当损害,法官在作出司法审查中的尺度因行为分类而有所区别。也就是说,本书由理论发现进入了行为二分法的具体分析中。

基于二分法的具体分析,本书发现司法审查的尺度构建于公平、公正、平衡的原则基础上。也就是说,法官基于破产重整事项的审查,乃至强制批准重整计划草案的审查尺度,需要考虑公平、公正及平衡性等原则,该等原则在破产重整法律制度下,被演化为绝对优先权原则(相对优先权原则)、最低组别通过原则、地板清算规则等具体规则,从而形成了一个有机的审查体系。

通过一般到具体的认识路径,本书拟定了如下的研究结构:

第一章为问题发现:以福建省破产重整案例为样本分析。本书从实证分析角度,对福建省2014年至2021年2月28日的破产重整案件进行归纳分析,对重整案件中的一些关键性问题进行总结分析,发现重整强制批准审查制度的理论及司法实践,尚不能建立在一种逻辑自洽的理论结构基础上,法官之间关于重整强制批准审查所奉行的标准及其侧重点各不相同。

差异化的审查标准,不仅出现在法官之间,还出现在法官与管理人之间,甚至同一个案件的法官和管理人之间,也存在着重大的观点差别。有必要回归到行为的本源上,而不是建立在现有条文规范上进行论证,否则将陷入法律的虚无主义中。破产重整强制批准审查是对重整行为的一种司法审查,因而其审查尺度,必须建立在对重整行为深刻理解的基础上进行的。重整行为,实际上是重整信托人根据重整债务人利益所为的行为,因而重整信托行为的理论源泉,就是强制批准审查的理论源泉。以政策导向为理论基础的传统主义破产重整理论和维护债权人利益平衡的债权人"讨价还价"理论,并不能为重整信托行为的正当性提供理论解释依据。我们发现,在破产重整状态中,债务人仍然维持着生产要素的有机结合,其破产重整的行为仍然以企业的持续经营为目的导向,维持着一个正态经营企业的基础特征。这就意味着,关于企业及其要素结合体的理论,仍然是破产重整状态中企业的支撑理论,由此理论引导出的重整状态中的信托行为及信托行为的正当性,乃是司法审查所应着力分析的关键要素。

第二章为理论源起:团队生产理论及中国语境解读。第二章主要通过传统主义破产理论无法解释债权人、股东分担破产损失的理由及界限,该理论虽然具备适用上的效率,但不具备应用上的普遍性。债权人讨价还价理论将破产重整中分配的权能源泉导源于非破产法秩序,其分配侧重于公司现有资产池,属于过去式的资产认识,无法解释为什么破产重整的成本

7

分担外溢给债权人之外的主体，无法有效解释公司持续经营带来的资产溢价的分配理由，存在着重大的缺陷。为此，第二章引入了破产重整团队生产理论并在中国商法的语境下进行考察，认为团队生产理论的核心在于维持团队持续经营，由团队持续经营过程中信托行为加以决定租金和盈余在团队成员之间的分配，这个分配利益特别包括了团队成员最低预期外的、不能以明示合同的方式体现出来的额外收益。这个特征决定了团队中超过期待的收益，可以经由信托人的信托行为加以有效分配，有效填补了债权人讨价还价等理论的解释空白。因此，信托人信托行为的合法性、正当性，是破产重整分配秩序维持及团队经营有效持续的关键。

基于团队生产理论中对协议明示利益分配及非明示利益分配的角度，本书认为重整信托人的行为应区分为刚性行为与自由裁量行为，这使得法官在涉及重整事项中的强制批准审查制度具有清晰的标准。基于刚性信托行为，其行为是否侵犯了受托人或权益人的合法权利，成为审查的尺度标准。基于自由裁量的信托行为，其行为是否不正当地侵犯了受托人（团队生产理论中的利益相关者）权益，是否在合乎公平、公正及平衡的原则下进行，就成为这类行为的审查尺度标准。基于行为二元分类及审查标准，破产重整法律秩序设定了一系列内在的原则予以配套考察，这类原则属于法官审查内容的深化和细化。

第三章为刚性信托：以不确定概念为审查重点。基于团队生产理论的最低预期分配利益出发，本书认为这些最低预期分配利益属于团队成员法定权利范畴内的事项。信托人的信托行为需要在法定的空间范围内决定分配秩序，也就是说，信托人的信托行为在这种场景里是刚性的，信托人只能作出给予或不给予的决定，而不具有自由裁量的空间。但是，刚性权利的确认，难点是不确定概念的确定问题，这就要求信托人的刚性认定，需要建立在程序得当且充分应用调查权的基础上，能对团队成员所提供的异议事实、证据的接收、辨认。第三章以重整价值判断这一典型的不确定概念的确定过程进行分析，阐述了法官在强制批准前置审查中，对信托人刚性行为中不确定概念确定审查所应奉行的标准，同时本书由此也提出司法审查应秉持破产重整为一般常态，破产清算为例外的原则。

第四章为自由裁量：重整计划的可行与分配尺度。根据团队生产理论，只有不具有重整价值，才有破产清算空间，否则应进入破产重整的破产常态程序。在具备破产重整价值的常态下，破产重整计划草案则成为整个破产重整的核心。重整计划草案的拟定属于信托人商业判断的自由裁量范围。但自由裁量范围并非任意、无所约束，首先重整计划草案必须具有可行性，这是破产重整计划草案执行的前提条件，因为公司持续运营是重整的基本方案。重整计划可行性至少包括两个方面：一是债权人将得到计划所承诺的给付或期权；二是一旦重整计划生效，公司至少是尽可能存续经营的。可以说，重整计划的可行性是一种谋求商业一般规则所引导的良好结果，这种目标导向决定了重整计划草案的拟定需要遵守公平、公正及平衡的原则，这些原则具体化就是破产重整界所坚持的圭臬——绝对优先权原则，但是绝对优先权原则就一定确保重整计划可行性吗？本书认为，绝对优先权原则是建立在企业账目结清、价格确定的假设基础上才能使重整计划草案具有可行性，破产审判实务中主要是出售式破产重整，但其他重整方式不具有假设条件，若机械适用绝对优先权原则将使重整计划草案的可行性大打折扣。因此，本书提出了相对优先权原则。相对优先权原则也是生产团队理论的应有之义，因为生产团队成员的相关利益在破产重整中都应纳入尊重的范围。相对优先权原则较绝对优先权原则更为灵活，它同意利益相关者以合约的方式约定利益分配的顺序，以合同相对性的路径灵活变通了绝对优先权原则，使重整计划草案在可执行性上的阻碍被真正清除。

第五章为权利和权益：侵害与正当损害。团队生产理论在保障最低期待利益之余，通过信托人行为提升重整溢价并进行分配。信托人行为二元区分为刚性行为和自由裁量行为。刚性行为要求根据法律规定的权利进行分配并执行重整事务，不可侵害重整利益相关者的合法权利；自由裁量行为要求在适度的空间内从事重整事务并据以分配，要求信托行为的底线不可侵犯利益相关者权利，而对利益相关者的正当权益，要求在适度的范畴内分配，即不可以不当地损害利益相关者的正当权益。

第六章为司法审查：角色及原则。通过该章，本书再次回到破产重整司法实务中，提出了既然法官无法深入调查获取事实证据，更不具有商业判断的能力，那么就只能以观察者而不是参与者的角色出现。在观察者角色中，对破产重整的刚性信托行为，法官主要是从不确定性到确定性的审查，具体化审查包含了三个方面：一是程序审查，即概念确定过程中是否存在程序瑕疵，特别是管理信托人是否尽到充分披露义务；二是事实审查，对事实证据的审查，侧重点在于连结点因素，即一项事实证据得以具体化某个概念，必然要求该事实证据具有较强的连接性，类似于民事诉讼证据中的具有完整证据链；三是法律审查，本书提出了法律审查应建立由近及远的法律类推原则，即企业破产法有规定，先行适用企业破产法的概念解释，企业破产法没有规定，则次第适用民商法的概念解释，以此类推，依次适用行政法、刑法，乃至在法律无明文规定的情况下援引交易习惯。对于利益损害的审查，也是破产法官必须审查的内容、破产法官审查利益损害，也应如前述，一分为二：一是审查重整权利的损害，损害权利必须有法律规定的明确授权，否则权利人有权申请法院救济；二是审查正当利益的损害，利益相关者不得直接诉求法院实现其利益，仅在于消除在违法或违约情况下损害其利益的行为。因此，破产法官要审查两个事项：（1）法律或合约是否明确对正当利益的损害作出限制及信托人是否违反了该等限制；（2）信托人对正当利益的损害是否符合公平及正义原则。相对于刚性信托行为，破产法官重点审查的另一方面就是对信托人自由裁量的司法审查，它区别于不确定概念，因为它有着选择的幅度。对于自由裁量的司法审查，首先是公平与公正原则的秉持，当然在个案或具体破产场景中，它有可能演化为具体的原则；其次还要对重整计划草案的适度性和平衡性进行审查。在上述审查基础中，本书从生产团队理论和实证分析出发，认为司法强制批准是一种对重整计划草案可否体现团队生产协议根本目的的解读，并提出破产法官在司法强制批准审查过程中是维系利益相关者最低期待利益的保护者，为团队生产协议租金及利润分配条款修正过程中出现的异见者提供引导。本书以此为理论与实证模型，提出破产重整强制批准的前置性审查事项，及排除程序瑕疵及其体现出来的实体瑕疵，即破产法官应主动审查破产重整前置程序过程中是否存在不确定概念的不当确定、商业判断自由裁量是否被滥用造成不公、失衡。破产法官只有作出该审查后，才进入强制批准的司法审查程序。本书还专门分析了司法强制批准审查的要件，即可行性审查、最低接受限度审查、异见者的最低期待利益审查、优先权原则遵守的审查。

最后是结论与建议，综上本书六章的递进式剖析与层层论证，结论为团队生产理论可以作为破产重整中强制批准审查的理论基础，强调重整信托人在破产重整中的主导性，破产重整中的信托行为分为两类：一类是刚性信托行为，需要不确定概念的具体化、确定化，破产法官对此审查，应从程序瑕疵、事实证据有无连结点及法律概念或交易习惯的援引等；一类是自由裁量行为，不同于第一类信托行为，破产法官要从公平、公正及平衡性方面进行审查。当前置性条件满足后，破产重整程序进入强制批准阶段，破产法官应基于观察者的角度，在团队生产理论基础上，理解重整计划草案，主要考量重整计划草案是否体现团队生产协议可持续经营的根本目的，是否能维系利益相关者最低期待利益及对重整计划草案中租金及利润分配条款的修正作出司法引导，其外延上则具体化为司法强制批准应同时符合四项审查内容：（1）可行性测试；（2）最低限度接受测试；（3）异见者的最低期待利益测试；（4）优先权原则遵守测试。基于以上分析，本书建议对现行《企业破产法》的一些条文进行微调，分别是：（1）修改《企业破产法》第七十条及第七十一条关于法官裁定破产重整程序的规定，认为破产企业进入破产重整程序，应赋权以破产重整的管理人或债务人或债权人委员会（即为破产重整公司的信托人），以不确定概念具体化的形式，建议破产企业走清算程序或重整程序。（2）《企业破产法》第八十六条第二款"人民法院经审查认为符合本法规定的，应当自收到申请之日起三十日内裁定批准，终止重整程序，并予以公告"的规定，应适度微调为"人民法院经审查认为，重整行为并未侵害利益相关者合法权利，也未不当地损害利益相关者正当权益且符合本法规定的，应当自收到申请之日起三十日内裁定批准，终止重整程序，并予以公告"；《企业破产法》第八十七条第三款"人民法院经审查认为重整计划草案符合前款规定的，应当自收到申请之日起三十日内裁定批准，终止重整程序，并予以公告"的规定，应适度微调为"人民法院经审查认为，重整行为并未侵害利益相关者合法权利，也未不当地损害利益相关者正当权益且重整计划草案符合前款规定的，应当自收到申请之日起三十日内裁定批准，终止重整程序，并予以公告"。（3）《企业破产法》第八十七条第二款"未通过重整计划草案的表决组拒绝再次表决或者再次表决仍未通过重整计划草案，但重整计划草案符合下列条件的，债务人或者管理人可以申请人民法院批准重整计划草案"的规定，应适度微调为"未通过重整计划草案的表决组拒绝再次表决或者再次表决仍未通过重整计划草案，债务人或者管理人在尊重利益相关者异议的基础上举证认为重整计划草案符合下列条件的，债务人或者管理人可以申请人民法院批准重整计划草案"。

三、文献综述

通过中国知网数据库以破产重整为论文题目关键词搜索，共有566篇期刊论文、407篇学位论文，表明破产重整制度的讨论在学界引发着热议。

在上述搜索结果的基础上，增加主题为强制批准的关键词搜索，共有115篇期刊论文、197篇学位论文。上述数据表明，学位论文相较于期刊论文更侧重于破产重整中的强制批准制度的研究，同时，也表明破产重整中的强制批准制度引发着学界持续的关注。现就国内外文献对破产重整方面的研究状况予以梳理、综述。

（一）国外研究现状

1. 破产重整基础理论方面的文献

杰克逊教授是破产重整理论的开山学者。杰克逊教授在1982年首先提出了债权人讨价还价理论[①]。他批评了破产程序中心主义观点，该观点认为破产程序仅是减少债务过重的债务人急迫性债务的工具；他认为破产重整是一系列合同的集合体，为促进公司获得更多的社会资本投入，破产法为投资人和公司提供一套违约条款，使其能够大幅降低个体谈判交易的成本，明确在财务危机发生时的规则适用和违约补偿方式。

随后在1989年，杰克逊教授等人对债权人讨价还价理论作进一步阐述，认为破产法学者在没有进行批判性分析的情况下呆板遵循两个程序目标：重整负担过重的债务人的债务体系及如何对债权人诉求作公平对待。他们对讨价还价理论模型作了修正，把一些常见损害列入所有参与者应分担的业务失败风险，并以此列为谈判的假设前提或者称为事前交易成本，以此协调债权人谈判诉求与破产重整分配事项之间的差异。

道格拉斯·贝尔德和罗伯特·拉斯姆森教授在2002年对破产重整的债权人讨价还价理论提出了质疑，认为将破产重整法律视为由债权人群体和债务人为避免公司损失扩大而进行协商谈判的观点是不合时宜的，因为破产程序只是对已经发生的控制权变动的确认程序而已，破产重整程序实际

[①] 本书所引观点出处详见书后所附参考文献。

上只是出售资产的一种例行程序而已，他们甚至认为破产企业的生产要素结合也并非那么紧密，某些生产要素并非专属于特定企业，它转移至其他企业，亦会产生相应的资本溢价，因而作出一个集体谈判行动与保持破产重整企业价值最大化并无关联。

为继续论证契约谈判理论的谬误，道格拉斯·贝尔德和罗伯特·拉斯姆森教授在2003年提出，实质上84%的大型破产重整案在进入重整程序前已经达成了资产出售协议，因而传统意义上的破产重整业务模式已然不存在，现行的破产重整已经成为具有控制权的债权人来决定走什么样的拍卖程序来实现其权益最大化。

1999年玛格丽特·布莱尔和琳恩·斯托特教授首先提出了公司契约新理论——团队生产理论，认为股东及债权人只是公司中的一般成员，并非需要优先考虑的主体。该理论对破产重整理论产生了重大影响。2003年，琳恩·劳帕齐正式将团队生产理论引入破产重整中。文献提出，与传统合约相比较而言，团队生产理论更为准确地描述重整体系，能够更好地达到事先规范效果；团队生产理论使重整法律制度不再被认为是政府为优化存量资源而强加的法律法规，而是债权人和股东同意将其法律权利置于持续经营的先前合同条款中，是一种合同保留。这种保留要求公司履行团队生产义务，并优于满足团队成员自身诉求的义务。

破产重整的团队生产理论，与它所挑战的债权人讨价还价理论一样，实际上体现了契约主义，只不过团队生产理论基于团队组别成员实际签订的合同。

代理理论是关涉破产重整理论的另一重大理论源泉。1976年，简森和梅克琳教授首次提出了代理理论，他们认为经济资源的所有者是委托人，负责使用及控制这些资源的经理人是代理人。当代理人通过举债或增加资本金方式筹集外部资金，那么代理人就容易放松自我，这就存在代理成本问题。代理人拥有的信息比委托人多，并且这种信息不对称会逆向影响委托人有效地监控代理人是否适当地为委托人的利益服务。它还假定委托人和代理人都是理性的，他们将利用签订代理契约的过程，最大化各自的财富。代理人出于自我寻利的动机，将会利用各种可能的机会，增加自己的财富。其中，一些行为可能会损害到委托人的利益。

代理理论见诸于破产重整规则，具体演化为如何选择合适的重整模式以降低企业代理成本，如何避免无效冗长的谈判、投票机制，以及如何让陷入困境的公司指定合适的代理人并减少相应成本。

1994年，戴格尔和马洛尼通过实证分析发现，破产重整的结果与困境企业早前的基本财务特征呈正相关关系。倘若股东于公司财务困境前对公司资产的有着灵活的控制权，那么会导致破产的代理成本更高，在这种情况下，债务人则愿意支付更多的费用实现重新谈判合同。也就是说，公司在财务困境前的资产可塑性强，则破产后股东保留的剩余权益份额就越高。

1999年，戴维德·李和李珊在代理理论基础上分析破产重整法律制度，他们提出，破产法的目的在于强制使信托人披露公司能否生存的信息，以降低财务困境企业的代理成本。2005年，施瓦茨在文献中提出，破产法应追求的目标之一是如何降低破产重整的资金成本。为实现这个目标，破产法应该允许债权人和债务人在借贷合同中预设选择他们认为最适合自身利益的特定破产程序，以降低公司治理中的代理成本，避免陷入财务困境的公司不当地拖延破产程序或者选择最大化管理层个人利益而非债权人利益的破产程序。

2. 重整估值中的信息披露方面的文献

许多学者就破产重整中估值的因素作出分析，认为信息披露是有效估值的前提条件。斯基尔和戴维德提出，管理者为了使重整计划达成共识，有歪曲破产重整企业信息的极大动机。由于现实不存在控制管理层的有效控制机制，因此，在破产重整中，强制性信息披露规则的确立更具有迫切性。

道格拉斯·贝尔德在1997年发现，破产重整法律制度功能之一在于发现破产企业的隐藏价值及相关信息，除了解决债权人集体行动外，破产重整还应为财务困境企业的投资者提供两个其关涉问题的解决方案：(1)无法获取公司信息的问题；(2)公司确立新资本结构前解决公司资产所有权争议。

利普森在2008年的文献中提出，《美国破产法》第11章能够发挥独特的信息披露作用，但是却面临着内部和外部的威胁。在内部，破产重整越来越趋向由富有经验的投机者主导，其动机及策略往往是不透明的，这些投机者套利行动会对业务失败产生深远影响；在外部，交易行为的复杂性增加，会削弱信息披露的能力。

利普森和库伯教授担心，不透明且不承担披露义务的隐形利益相关者参与破产重整程序，可能会采用一些消极手段阻碍债务人重整进程的方法获取收益，增加重整的不确定性及谈判成本。

重整过程中的不良资产出售（债权出售）行为，为重整带来债权投机者，使得破产重整各方诉求更为复杂。因此，道格拉斯·贝尔德教授在2009年提出，债权交易需要接受监管，需要发挥信息披露规则的功能，以提高破产债权收益的透明度。

3. 不合作利益相关者及绝对优先权方面的文献

道格拉斯·贝尔德和皮克尔教授在1991年提出，传统主义的破产法观点认为，破产重整程序为债权人提供集体诉讼程序，债权人是公司剩余资产的所有者。但是，一旦优先分配等级的债权人的总权益金额超过公司剩余资产，那么劣后等级债权人由于得不到分配，将成为重整的不合作者或异见者。在出现异见者谈判的情况下，有必要退出谈判自动终止规则和绝对优先权例外规则。

利普森教授在2007年发现，投机债权人有可能利用债权获取对陷入财务困境的重整企业的控制权，通过牺牲公司及其他利益相关者利益的方式来获取不当收益。其不当收益诉求未得满足前，他是一种不合作债权人。

道格拉斯·贝尔德和罗伯特·拉斯姆森教授认为，重整法律制度设计了一套公司估值机制以保护不同债权人的权益，从而最终保障绝对优先权规则在没有发生出售式重整的状态下得以遵守。但是，相对优先权规则却可以为公司重整提供另一个视角，即股东权益没有被清零的前提下，债权人权益相对于股东权益的优先权而言只是临时性的，因此，破产重整法律可以确认股东权益的期权价值。

2001年，道格拉斯·贝尔德和罗伯特·拉斯姆森又进一步阐述，破产重整的传统认识是错误的，所有款项在未全额支付之前，引发的首要问题是分配问题。相反地，重整的核心不在于分配的优先问题，而应该聚焦于如何使公司资产焕发生机及谁适合控制公司资产的问题上。

2006年，道格拉斯·贝尔德和伯恩斯坦教授发表了其重磅级文献 *Absolute Priority, Valuation Uncertainty, and the Reorganization Bargain*。文献中讨论了绝对优先权、估值不确定性与重整谈判之间的关系。他们认为，破产重整中偏离绝对优先权是常见的，解释这些偏离应该是重整学者们关注的核心话题。倘若重整企业价值不确定，那么优先权的偏离将是不可避免的。任何关于破产企业的估值方法或程序都具有不确定性，重整谈判就是在这种不确定环境下进行的。人们关于绝对优先权规则的认识基本上是一种误解，因为人们并没有认识到绝对优先权规则的遵守并不总会带来绝对优先权的结果。既然无法避免这种现象，那么倒不如将破产重整的中心转移到如何减少估值的不确定问题上。

虽然很多学者倾向于支持相对优先权，但仍然有学者坚守着绝对优先权规则。别布丘克教授在2001年认为，破产法设计的基本问题，在于破产程序是否按照绝对优先权分配。过往数年研究表明，虽然偏离绝对优先权或有所益处，但对股东事前决策却带有负面影响。这种偏差加剧了商业决策的道德风险问题，增加了管理层青睐高风险运营项目及对外融资和分配股息的积极性。

道格拉斯·贝尔德教授在2017年的文献中体现出总结性特征。在文献中，道格拉斯·贝尔德教授首先提出《美国破产法》第11章的复杂性源于绝对优先权而不是相对优先权以及确保绝对优先权的程序。现今的破产重整学界才达成一种混合的优先系统，这种系统比过往强调绝对优先权为中心的系统更为有效。

4. 重整估值方面的文献

重整估值不确定问题，一直是破产重整程序适用中的难题。在道格拉斯·贝尔德和伯恩斯坦教授2006年的重磅文献里，除了讨论相对优先权外，还讨论重整估值的问题。文章提出，任何旨在维护绝对优先权规则的破产重整法规都必须解决估值不确定性问题。对《美国破产法》第11章的批评应首先从估值评估方法开始，因为第11章让法官根据专家的证词来确认估值。有理由相信，估值之间的差异会使信息增多而准确性却会降低。

为减少估值不确定问题，艾德勒等人提出一项估值稀释机制，即稀释优先偿还等级的债权人权益，使其对特定债券权益没有更多需求，来降低估值不确定的状态。艾德勒和特里安迪斯则在2017年提出，重整状态中的新价值溢余与新价值投入，需要通过市场竞争机制的检验，他们主张市场化判断方法应被更多地应用到破产重整相对的司法估值程序中。

值得注意的是，美国的提尔诉SCS信贷公司案所确立的估值公式，被学者热烈讨论。戴维德·黄在2011年文献中对该案作出了评述，认为该案的估值公式对法官在确定偿付利率并没有作技术指引，因此，他另外提出了"合同费率"公式进行完善，他认为该方法充分保护了债权人的贷款预期；马克尔则在2017年提出，该案的估值公式是一种粗略的"公平对价"公式，如果以市场利率为估值基础的话，那么其估值不可避免地需要考察重整中的证据要素。

（二）国内研究现状

国内关于破产重整及强制批准制度的研究，在研究方法上更多地建立在比较研究的基础上；在制度内核方面，更多地关涉了债权人利益保护及利益平衡问题。

1. 比较法角度论述重整的文献

2004年，李曙光和贺丹通过比较研究美国、英国、澳大利亚、德国、法国、日本、俄罗斯等国的破产法律制度，提出我国破产法起草的几大关键问题：为什么要制定破产法、破产法的立法结构、适用范围、破产原因、破产管理人制度、企业重整制度、破产财产清偿顺序、金融机构等特殊主体破产以及跨境破产。

陈英认为，《美国破产法》偏重于债务人利益，其中第11章的自动冻结制度、债务人自行管理制度及由债务人提出重整计划的专有期限都充分体现了这个立法价值倾向。常琳在2010年通过中美立法制度之比较研究，认为重整计划的批准应该以实现债权人利益最大化为价值取向。为保障各方利益平衡，需要对重整计划批准条件作细化，特别是法院强制批准要求加以明确，以避免法院权力的滥用。

傅穹和王欣在2013年提出，债务人财产属性、管理控制和估值是否妥当，决定了破产法功能能否实现。重整程序中富含博弈，财产特性直接决定了利益群体权益的实现。《美国破产法》采纳对债务人友好的管理层接管模式，比起大陆法系的管理人制度更有利于重整计划的推动。就财产估值而言，动态估值应被考虑在内。我国破产重整关于破产财产法律属性、管理控制机制与估值理论，需要进行重构。

韩长印则以美国法律为借鉴，认为重整倘若成功，需要有重整溢价获得，即重整价值超过清算价值，由此每个利益相关者可因此获益。至于破产重整程序，其中最为关键的无疑是重整计划。为使重整计划的表决科学有序推进，破产管理人需要进行充分的信息披露。

宋玉霞、李政印、周迈则基于比较法的角度考察了出售式重整规则，认为我国破产法虽然未对出售式重整予以明确规定，但实践中已经出现了诸多案例。出售式重整的适用条件、资产价值的确定、信息披露、法院批准的条件和程序等法律问题是目前司法实践中亟待解决的问题。

陈熹提出，美国破产重整中的债权交易产生了"交易型"及"投资型"债权人之间的利益冲突，金融衍生品更加剧了这种冲突。金融交易的发展可能会引发债权人利用重整程序争夺公司控制权，导致重整程序无法有效推进，从而损害债权人利益。建议我国借鉴美国经验，建立重整程序债权人交易信息披露，赋权法院职权，以防止债权人互相损害及重整程序的滥用。

2. 债权人利益保护及利益平衡方面的文献

国内关于破产重整的学术讨论始于债权人利益保护问题，初见于汪世虎教授的博士论文中。文中提及，破产重整是债权人保护的一种新的途径。重整中债权人利益保护的理论基础应然是利益平衡原则，并应以此作为重整中保护债权人权益的基础。破产重整程序是为拯救债务人，从而限制债权人为自身利益行动的反限制措施，可以通过自动冻结、撤销权、抵销权等制度来调和不同种类债权人之间的利益冲突。

王欣新和徐阳光提出，2007年企业破产法引进了重整这一创新法律制度，需要应对多方主体的利益博弈，立法需要对多方主体利益予以全面均衡考虑。企业破产法中债务人、出资人在重整中的地位和权益如何理解，以及法院强制批准重整计划草案应遵循的基本原理和法定条件，都是完善重整法律制度的焦点问题。

汪世虎教授提出，重整制度旨在促进债务人复兴以维护社会利益，不可避免地与债权人利益的保护发生冲突。如何协调这种冲突，是破产立法与司法的难题。重整计划是重整程序的核心，其具体制度设计应以不损害债权人利益为原则。为此，债权人可以以自己的意思表示表决通过重整计划，法院也可以在符合法定条件时强行批准重整计划。随后的文献中，汪世虎教授总结提出，重整利益相关方的多元化决定了重整存在着诸多矛盾与冲突，不仅债权人与债务人、股东、雇员、社会利益之间存在利益冲突，而且在债权人内部，不同性质的债权人，如优先重整债权人、有担保的重整债权人与无担保的重整债权人之间亦存在利益冲突。为确保重整制度、社会利益目标实现，重整立法及司法应坚持利益平衡原则。

雷兴虎及刘浩然认为，重整程序不仅需要强调当事人的意思自治，还需要贯彻公权干预。司法介入重整程序具有坚实的理论基础，但同时也是一把双刃剑。它既能够对债权人利益形成保护，又会在一定程度上妨碍债权人利益的实现。基于此，重整制度在允许司法权介入的基础上，应在立法上完善对于债权人的救济机制，并对司法权的行使作出必要限制。

3. 重整价值方面的文献

关于重整价值方面的中文文献，虽偶有法学文献谈及，但多偏重于会计学领域。

王欣新和宋玉霞认为，应当在重整股东权益调整中确立新价值例外规则，同时明确绝对优先权和新价值例外规则的关系。

侯晶从会计学的角度理解重整价值判断，认为资源的有效配置是上市公司破产重整价值判断体系的逻辑起点，企业本身、所处行业以及整个社会资源配置状态，会影响重整价值判断，资源配置约束会直接影响重整价值判断应用体系。

栾甫贵、侯晶在2017年针对中国上市公司破产重整案例不断涌现并呈现快速增长的趋势，结合"超日太阳"和"无锡尚德"重整案例，阐述并论证了判断主体、判断目标、判断对象、判断依据、判断特征、判断原则等体系要素，及其基本逻辑框架；在此基础上，以公平正义为出发点，提出了中国上市公司破产重整价值判断的标准，并构建了破产重整价值判断体系，以期为破产重整利益相关者对债务人企业破产重整的相关决策提供参考。

吴长波等人在2020年提出，困境企业重整价值的识别直接关乎重整程序的启动、重整程序的顺利推动及重整最后能否成功。困境企业的重整价值主要从社会价值、经济价值、自身价值进行识别，包括企业的行业前景、社会影响、资产状况、信用融资、人力资源结构及重整意愿等。完善我国困境企业重整价值的识别制度，可以要求申请人根据主体分类提供完备的申请资料，将联动机制应用于建立前期的大数据库以及中期的审查，发挥专业人士、专业机构的专业能力，通过召开听证会广泛听取意见，以识别困境企业的重整价值。

4. 强制批准重整计划草案遵循原则方面的文献

任永青认为，绝对优先原则是破产重整程序中对破产财产的分配加以规制的一项重要法律制度。其制度价值在于它通过尊重和保护当事人的破产前权利和当事人在破产前达成的利益分配格局来实现重整价值的公平分配，制约当事人在选择适用重整程序和进行重整计划内容谈判时具有正当的动机，促使当事人进行有效重整。我国企业破产法没有绝对优先原则加以明确和全面的规定。这一制度缺失引发了一系列消极后果。建议应在我国《企业破产法》第八十七条中对绝对优先原则予以清晰完整的规定。

邹海林则认为，重整原因的多样性造成法院强制批准重整计划存在不确定性，强制批准重整计划，应该公平对待所有债权人、公平对待所有出资人及公平对待债权人和出资人。

张海征和王欣新提出，企业破产法赋予法官强制批准权，立法目的在于保障利益相关者法定权益之前提下，摆脱不当钳制，使重整程序能够顺利进行。在中国的司法实践中，由于法律对人民法院强制批准重整计划草案的各项标准规定得不够明确、严谨，使该制度有可能被滥用，以致违背制度设置之本意。文章在最小限度组别通过标准、债权人利益最大化原则、可行性原则等方面提出完善立法的建议，力图明确法院强制批准重整计划草案的具体适用条件，细化审查标准，并赋予利害关系人权利救济的渠道。

武卓认为，强制批准制度是重整法律制度的核心问题之一。作为舶来品，该制度面临水土不服的问题。个案中，法院的强制批准裁定引发了业界广泛质疑，因而有必要对该制度进行全方位的审视和评价。

张钦昱通过上市公司重整计划强制批准的实践中发现，担保债权人因延期清偿所受的损失没有得到公平补偿、重整计划草案因小额债权人组的出现而强行通过、出资人权益被不公平调整的现象时有发生。重整效率提升说、中小债权人利益保护说、商业理由说难以为小额债权人组的设立提供法理依据，应审慎对待普通债权人的分组表决。重整中的公司具有运营价值，可将"壳"资源计入公司资产，依据绝对优先权原则处置。

高丝敏的《重整计划强裁规则的误读与重释》一文是近期关于强制批准制度方面难得的优秀论文。文中，作者提出重整计划强裁规则是引导当事人有效谈判行为的重要制度，但这一规则在我国司法实践中却被"滥用"。强裁规则的滥用与该规则的定位偏差和功能误读有关。文章力图重释强裁规则的功能，认为其不仅仅是法官裁判的规则，更是通过对当事人充分谈判结果的模拟，引导当事人的谈判行为，并化解囚徒困境的规则。为了达到这一目的，强裁规则应当具有动态和静态二元功能。动态功能在于其应作为破解当事人谈判僵局的最后手段。强裁规则本身包含的一系列最低期望收益规则是其引导当事人谈判行为并形成合理预期的静态功能。文章在对强裁规则应有功能重释的基础上对强裁规则的中国文本提出重塑的建议，并讨论其和重整制度其他条款的协调问题。

四、理论创新及研究方法

国内文献更多地关注在重整程序中利益相关者的权益保护问题，特别是债权人权益保护上。综合来看，现阶段关于破产重整强制批准法律制度的文献更多地采用宏观叙事、分析的方法，微观分析稍显不足，现有文献并没有微观定性、分析重整计划草案拟定过程中管理人、信托人行为内涵，更没有对债权人权益损害的正当性与不当行作出区分，行为内涵分析缺陷必然导致对重整程序认识的不足。由于佐证的材料不足，得出的结论显得较为主观，比如高丝敏得出现行司法实践中强制批准裁定被"滥用"的结论，与我们通过数据分析的结论大相径庭，通过数据分析，我们认为现行司法实践中，法官对强制批准裁定的态度是偏于保守的。在理论陈述上，现有文献并未旗帜鲜明地表明其所分析、所秉持的理论基础，在没有足够理论支撑的情况下，显得分析有"头痛医头、脚痛医脚"的形而下特征。关乎强制批准制度方面，文献更多地把焦点放在批准方面，强调了批准所适用的前提条件，忽略了司法的批准并非是一种行政批准，更科学地讲，司法强制批准是一种对重整计划的司法审查。

基于上述国内文献的综合分析，本书在如下几个方面进行了理论创新研究。

（一）回归司法审查本质

本书认为，在破产重整程序中，破产法官仅是观察者的角色，并非是行政角色的参与者或决定者的角色。基于观察者的角色，破产重整的强制批准制度，于法官而言，并非是一种司法批准，而是一种司法审查。通过法官的司法审查活动，对符合前置性程序要求和前置性条件的重整程序及重整计划草案予以司法的拟制支持，这才是破产重整的强制批准制度的核心价值。

本着对司法审查活动的准确定性，法官在强制批准中，需要根据重整程序中利益相关者各行为，特别是管理人或信托人行为，予以分别界定司法审查的尺度。具体来说，需要根据信托人行为是否是刚性决定抑或自由裁量行为予以区别审查原则及方法。刚性决定审查过程中，程序性审查、调查权审查、信息披露和异见者意见审查成为核心内容；而对自由裁量行为的审查，特别是重整计划草案所体现的商业自由裁量，则重点审查公平、公正及平衡原则是否得以适当遵守，这些原则在重整计划草案的强制批准制度中，被具体演化为可行性审查、最低限度接受、异见者的最低期待利益审查及优先权原则遵守的审查。

（二）团队生产理论贯穿重整行为及权益损害的分析过程

本书基于中国商法语境的解读，认为团队生产理论可以成为中国破产重整强制批准司法实践的理论支撑。在团队生产理论下，企业的可持续经营发展成为团队生产契约的根本目的，只有在根本目的无能实现的前提下，才有实施破产清算的空间。因而，本书认为，应该改变破产中适用重整程序由法官裁定的立法及司法现状，确立破产重整为一般规则、破产清算为例外规则的破产法原则。

团队生产理论赋予信托人管理权限或代理权限，赋予了信托人重整事项的决定权。信托人决定权被区分为刚性决定事项，也就是符合事实状态或事实证据的要求，信托者只能作出某项决定，如果不作为的话，信托者就违背了信义义务；另一种类型属于商业判断存在自由裁量空间的行为，信托者可以在幅度范围内选择其具体决定事项。决定权的区别，决定了信托人从事重整决定中所秉持的原则和方法各不相同，从而导致了司法审查的尺度也有所差异。

团队生产理论中团队契约的存在，隐含了利益相关者对其正当权益的限制行使。因此，本书认为，利益相关者正当权益的正当损害，应获得团队生产理论合约条款的支持。重整中各行为或决定对利益相关者正当权益的正当损害，是可以获得支持的，法官应更多地关注权利的非法损害，或正当权益的不当损害。

(三)数据支持和微观性行为分析

本书注重司法数据的分析。通过对2014年至2021年2月28日福建省审结的共计60宗破产重整案件的分析,本书批驳了学界的主观谬误,即主观性地认为司法强制批准制度导致了司法权的滥用;相反地,本书认为法官在适用司法强制批准权时,态度十分谨慎。造成法官态度谨慎的原因在于强制批准权能的审查尺度难以衡量。

本书通过对重整行为的微观分析,阐述了重整计划草案拟定前各行为的性质及内涵。特别是本书以微观叙事的方式,对重整价值及司法估值作出了大量的分析,提出重整价值的判断需要信托人不断扩大调查权,需要遵循必要的披露程序,接纳及合理辩驳异见者意见。

本书提出重整价值的评估需要遵循动态均衡,需要信托者对宏观性认知采用事实证据予以判断;需要信托者对微观性的资产专属属性进行价格评估、企业资质、人力资源及重整意愿的因素综合分析。

应该说,本书的写作,契合了现行"L"型经济背景下破产重整案件急剧增长对法院强制批准制度理论构建的实际需求。在实证法没有详细规定的情况下,可以作为法官在作出裁判的技术依据,令法官知悉行使强制批准计划权力所应符合的假设前提,并明了在作出该项权力时所应遵循的动因,以及该等动因被满足后应作何种补偿机制或保障。

为实现理论创新,笔者克服了数据采样方面的困难,努力学习税务、金融、会计及评估等多学科的综合判断,主要采用了如下方法进行研究。

1. 比较分析法

本书采用了比较分析的方法。本书大量评述了《美国破产法》第11章破产重整制度的设计特点和制度价值,结合论述了美国司法判例对债务人利益倾向保护的价值取向、新价值例外规则及相对优先权规则等法律制度,提出了中国在司法强制批准过程中法律指引明晰化过程中所可能遇到的困难，以及如何预防这些困难给司法实践带来的潜在消极影响。

2. 实证分析法

本书对我国破产重整强制批准的实际情况采用实证分析的方法，即以特定区间的具有代表性的重整强制批准案件为样本，通过数理统计分析数据，对理论研究中提出的相关假设进行验证，从而解释现阶段重整强制批准司法实践与理论相脱节的表现、原因及其解决对策。

3. 价值研究法

本书在重整强制批准制度中引入价值论的考察；明确重整团队利益价值与个体价值判断之间的取舍关系；论述了新价值投入和市场溢价中的价值分配序列，提出在价值分配序列发生冲突时的取舍规则；通过不对称信息理论及其环境下产生的非合意强制契约规则的代入，为各利益相关方的破产重整秩序提供价值标准。

第一章

问题发现：
以福建省破产重整案例为样本分析

第一章

在现代服务、科技转型的发展进程中，如未能及时调整公司运营方面的企业，在遭遇市场问题从而出现了财务困境时，最终会走向破产程序。通过 iCourt 大数据抓取，笔者发现在 2014 年之前，全国各级法院受理的破产案件年均不超过 500 起，2015—2016 年则跃升至年均 900 起，2017—2019 年维持在年均 2000 起，年化增长率达 30% 以上。破产重整程序类案件在 2017—2019 年占总体破产案件的比率约为 15%。为了更好地理解破产重整程序案件的司法审查内核，本书对 2014 年至 2021 年 2 月 28 日止福建省全省审结的破产重整类案件共计 60 宗进行了分析。初步分析结果表明，各组别皆通过并予以批准重整计划草案的占多数，为 31 宗，占 51.67%；组别不通过的情况下，司法强制批准裁定的 5 宗，占 8.3%；驳回破产重整申请、移送管辖、合并重整、终止重整程序宣告破产或转破产和解的共计 24 宗，占 40%。

通过初步分析发现，破产重整类案件具有"双低"特征：其一，破产重整类案件占破产类案件的比率低，甚至有部分案件在已经申请完破产重整程序后最终转向了破产清算或和解程序；其二，组别未完全通过的情况下予以司法强制批准重整计划草案的比率低，只占破产重整类程序中的 8.3%。"双低"的特征表明了在福建省的司法实践中，法官对待破产重整程序及破产重整的强制批准审查权的行使方面，秉持着十分谨慎的态度。法官的谨慎态度折射出强制批准审查制度的核心问题：强制批准司法审查的指引是什么，该审查指引需要遵循怎样的价值观？带着这样的思路线索，本书深入分析了自 2014 年至 2021 年 2 月 28 日止福建省全省审结的 60 宗破产重整类案件（以下简称 60 宗案件）。

一、重整模式及信托人

各国立法体系中，负责破产重整债务人财产管理、处分、经营及重整计划的拟定与执行的信托人，主要分管理人模式和债务人自行管理模式两种类型。当然，在模式并行适用上存在着区别，比如法国重整信托人可以由管理人和债务人共同担任，但更多的国家采用单一模式，即只能在管理人模式和债务人自行管理模式中选择其中之一。

我国《企业破产法》第七十三条规定："在重整期间，经债务人申请，人民法院批准，债务人可以在管理人的监督下自行管理财产和营业事务。有前款规定情形的，依照本法规定已接管债务人财产和营业事务的管理人应当向债务人移交财产和营业事务，本法规定的管理人的职权由债务人行使。"换言之，我国采债务人自行管理模式和管理人两种模式，但是两种模式不可并行适用。

付立新在《破产重整 DIP 模式中管理人监督权的信托法解构》一文中提出，2013 年以来全国破产重整案件的收结案数高位运行，以 DIP 模式重整的公司更是达到总数的一半以上。事实上，通过对 60 宗案件的解析，我们发现这一结论存在严重的数据不符，以债务人自行管理的破产重整模式，实际上在全部 60 宗案件中属少数情况。

（一）债务人自行管理模式的案件分析

在 60 宗案件中，采用债务人自行管理模式，并由债务人草拟重整计划草案提交于破产法庭请求通过的有 7 宗，零星的个案表明，债务人自行管理模式（DIP 模式）不仅不是福建省破产重整的常态模式，甚至属于个案模式。

在（2016）闽 02 民破 1 号之二民事裁定书中，系由债务人厦门市琪顺运输有限公司直接向破产法院提出申请，请求法院批准重整计划草案。在（2018）闽 04 破 11 号民事裁定书中，重整计划执行期间，企业资产移交给投资人前，企业资产和营业事务移交给债务人，管理人履行监管职责。而在（2018）闽 04 破 11 号民事裁定书中，福建省三明市中级人民法院于 2018 年 10 月 29 日作出闽（2018）04 破申 14 号民事裁定书，裁定受理债权人对债务人福建万科药业有限公司的重整申请，并于 2018 年 11 月 2 日作出（2018）闽 04 破 11 号裁定书，指定福建陈彪律师事务所担任管理人；而后，在管理人制定的破产重整计划草案中，我们发现了如下描述"重整计划执行期间，企业资产移交给投资人前，企业资产和营业事务移交给债务人，管理人履行监管职责"。也就是说，在破产重整执行期间，（2018）闽 04 破 11 号案的破产重整管理人并不是由管理人履行企业经营的信托义务，而是将该等义务移交给债务人自行管理，破产重整管理人履行了监管职责。但是，无论在（2018）闽 04 破 11 号裁定书里，还是在其重整计划草案中，均未发现有任何的法院裁定事项，裁定由破产重整债务人对财产和营业事务实施管理。这就存在着法律适用的瑕疵，因为根据《企业破产法》第七十三条规定，如果由破产重整债务人在管理人监督下自行管理财产和营业事务，需要由债务人申请，并经过法院批准，而法院批准的常见模式系以民事裁定书的方式作出。在债务人自行管理情形下，《企业破产法》第七十三条其实指向了破产重整债务人的双重信托制度，一个是管理人的信托义务，除了破产重整程序性义务外，管理人还负有了监督义务；另一个是破产重整债务人的原有信托机构，他们负有财产及业务事务管理的信托义务。该等双重信托义务，在《企业破产法》第七十三条第二款中有明确规定："有前款规定情形的，依照本法规定已接管债务人财产和营业事务的管理人应当向债务人移交财产和营业事务，本法规定的管理人的职权由债务人行使。"

在 60 宗案件中，有一宗《企业破产法》第七十四条的适用情形。（2016）闽 0502 民破 1 号案的重整计划草案中存在着如下陈述：光微公司陷入经营困境后，泉州市鲤城区政府成立了光微公司清算组，聘请北京观韬中茂律师事务所作为清算组法律顾问。清算组成立后，对光微公司采取了有效的化解债务危机的措施。进入重整程序后，经管理人报请鲤城法院批准，光微公司在重整期间继续营业并由管理人委托光微公司经营管理人员负责公司具体经营管理事务。也就是说，管理人负责了破产债务人财产和营业事务的管理，为了方便管理人实施管理事务，管理人"委托"了债务人的高层管理人员实施公司具体经营管理事务。管理人将部分信托义务，委托给了债务人的管理人员行使，属于信托义务的委托行使，与《企业破产法》第七十三条所指的管理人监督下债务人自行管理存在着区别，严格来说，属于《企业破产法》第七十四条的适用情形。在《企业破产法》第七十三条里，主体是债务人，而不是债务人的高层管理人员。从词义的角度，《企业破产法》第七十四条采用了"聘任"用语，与（2016）闽0502民破1号案重整计划草案所描述的"委托"存在着区别。具体而言，"聘任"具有聘请任职的内涵，受聘任者与管理人所信托的债务人仍然存在着劳动合同关系，并在债务人方担任职务。而（2016）闽0502民破1号案则存在着三方关系，受聘人、管理人和债务人。"委托"意指将事务托付给别人或别的机构办理，而本案却仅存在着双方关系，作为委托人的管理人，以及作为受托人的债务人的高层管理人员。显然，（2016）闽0502民破1号案管理人将公司财产及营业管理事务委托他人管理是不合适的，其之所以被指定为管理人，是建立在被确认具有专业判断能力为前提的，与人身属性密切相关，而与人身属性密切相关的信托义务，并不可以转委托他人行使。因此，可以确定的是，（2016）闽0502民破1号案的重整计划草案存在表述问题或不当转委托问题，如果将"委托"字眼调整为"聘任"，可能更加符合《企业破产法》第七十四条的规范性要求。相似的问题出现在（2019）闽0503破2号及（2020）闽05破21号案中，不予赘述。

  上述案例所存在的瑕疵，折射了一个问题，也就是关于管理人模式还是债务人自行管理模式，现行《企业破产法》对破产重整信托人义务的指引存在模糊的地带，具有改善的空间。

（二）管理人模式案件的分析

应该说，管理人模式是60宗案件的常规模式。通过细化性分析，我们发现了管理人模式中的一些个性特征。

1. 清算组管理人模式

在60宗案件中，共有10宗采用指定清算组为管理人的重整模式，总体占比16.7%。根据《企业破产法》第二十四条的规定，清算组也是管理人的一个选项。

10宗清算组为管理人的破产重整案件中，大多数为法院受理破产重整之初就指定了清算组作为管理人，比如（2020）闽05破21号、（2019）闽0503破1号、（2019）闽0503破2号、（2019）闽0581破1号、（2019）闽04破2号、（2016）闽05民破4号、（2016）闽05民破1—6号及（2016）闽05民破2—4号等8宗破产重整案件。

（2016）闽0502民破1号及（2016）闽0503破1号案，法院指定清算组为管理人系由破产清算案件转化而来，将原有的破产清算程序的清算组指定为破产重整的管理人。以（2016）闽0502民破1号案为例，债务人陷入经营困境后，相关主管政府部门成立了债务人的清算组，并聘请了律师事务所作为清算组法律顾问。后来，法院根据债务人的申请，裁定受理债务人进入重整程序，于同日指定债务人清算组担任管理人。（2016）闽0503破1号案中，债务人经营陷入困境后，2016年8月5日，破产法院依法裁定受理债务人破产清算一案，并于同日决定成立债务人清算组。考虑到债务人破产案件具有一定的社会影响力，案情复杂，清算组由政府有关部门和中介机构人员组成。2017年1月20日，破产法院裁定债务人重整，清算组成员作为管理人继续履行职责。

2. 专业中介机构担任管理人模式

在60宗案件里，有50宗完全由专业中介机构担任管理人。这些中介机构主要是会计师事务所和律师事务所，或者是由会计师事务所和律师事务所联合担任管理人，比如（2018）闽02破18号及（2018）闽02破19号案，就是由会计师事务所和律师事务所联合担任管理人。

中介机构担任破产重整管理人，法院指定的方式多采用随机摇号的方式指定，比如（2019）闽0921破1—7号民事裁定书中，明确地阐明"经宁德市中级人民法院随机摇号，2019年7月18日，本院指定福建闽天律师事务所担任金顶丰年公司管理人"。

在60宗案件中，零星的债务人自行管理的破产模式的适用其实也折射了这样一个问题，我国《企业破产法》第七十三条关于债务人自行管理下，作为管理人的责权利并未予以明确指引，仅是笼统地规定应在管理人的监督下行使经营管理权利，对于管理人的监督范围和途径没有作出明确规定，更遑论其他监督主体的监督方式等方面的规定。双重信托不明的情况下，那么重整营业保护权、重整经营权、重整融资权、撤销权这些重整经营所必须配置的权利到底由谁行使，则会在实践中出现较大的争议，从而降低破产重整程序的效率。另外，《企业破产法》第七十三条虽然在名义上采用了债务人自行管理的重整模式，但却对债务人的自行管理没有充分放权，仅是建立在管理人对破产债务人情况不熟悉或缺乏经营管理的专业能力的假设下作出的管理人模式的制度修正，并非是一种彻底的债务人自行管理业务模式。

二、信托义务

《企业破产法》第二十五条、第二十七条以列举式及概况式并举的方式，规定了管理人的信托义务。列举式加概况式规范，体现了《企业破产法》对管理人信托道德违背的一种怀疑。在列举式义务中，管理人需要履行以下职责：（1）接管债务人的财产、印章和账簿、文书等资料；（2）调查债务人财产状况，制作财产状况报告；（3）决定债务人的内部管理事务；（4）决定债务人的日常开支和其他必要开支；（5）在第一次债权人会议召开之前，决定继续或者停止债务人的营业；（6）管理和处分债务人的财产；（7）代表债务人参加诉讼、仲裁或者其他法律程序；（8）提议召开债权人会议；（9）人民法院认为管理人应当履行的其他职责。

（一）信托人的调查权行使

事实上，在60宗案件里，管理人在重整计划草案中对信托义务的履行的陈述均比较严谨。以（2016）闽0603民破1号的重整计划草案为例，管理人陈述如下：

为保障桂溪公司重整成功，避免桂溪公司被破产清算，管理人在龙文区法院的监督和指导下，严格按照《中华人民共和国企业破产法》（下称《企业破产法》）的规定履行相关职责，并聘请福建联合信实律师事务所提供法律服务，负责债权申报及审查工作；聘请致同会计师事务所对桂溪公司进行专项审计并出具《清产核资专项审计报告》[下称《审计报告》，致同专字（2016）第350FC1637号]；聘请厦门天亚工程项目管理有限公司对万嘉世贸广场项目已完工程进行结算审核，对未完工程进行预算编制，并出具《工程造价咨询报告》[厦天亚审字（2016）第108号]；聘请厦门市大学资产评估土地房地产估价有限责任公司对万嘉世贸广场项目进行价值评估并出具《漳州市龙文区桂溪房地产开发有限公司因破产重整涉及的在建工程评估报告书》[下称《评估报告》，大学评估（2016）ZB820003号]和《漳州市龙文区桂溪房地产开发有限公司因破产重整涉及的在建工程评估相关说明》（下称《评估说明》，以上《审计报告》《评估报告》和《评估说明》已与本重整计划草案一并提交龙文法院）。管理人向社会公开招募战略投资人，通过专家委员会的评审，诏安碧桂园房地产开发有限公司与漳州东南花都体育休闲有限公司组成的联合体（下称碧桂园联合体）成为桂溪公司的战略投资人。为此，战略投资人与管理人签订了《附条件生效的重整协议》，在本重整计划草案通过法院裁定批准后，碧桂园联合体将作为战略投资人参与桂溪公司的破产重整。管理人根据战略投资人提交的重整初步方案和前述各项专业报告，根据桂溪公司的实际状况，并按照《企业破产法》的有关规定，在充分考虑债权人、债务人、出资人、战略投资人等各方利益的基础上，特制定本重整计划草案。本重整计划草案经债权人会议分组表决通过及龙文区法院裁定批准后，作为桂溪公司重整的基础性文件，对债务人、出资人、战略投资人和全体债权人均具有法律约束力。

（2016）闽0603民破1号的重整计划草案总结了管理人职责的履行，包括（1）聘请专业机构进行法律、审计及评估服务；（2）进行债权申报及审查；（3）进行工程结算及预算编制；（4）引进战略投资人并签订附条件生效的重整协议；（5）制定重整计划草案。

在60宗案件里，管理人职责的履行最突出的在于聘请专业机构进行法律、审计及资产评估事项，并以中介机构出具的法律意见书、审计报告及评估报告为基础，进行偿债能力分析和可行性分析，甚至管理人直接采纳中介机构的评估及偿债能力分析报告，比如在（2019）闽0503破1号里，重整计划草案表明"在充分听取债权人、股东等各方意见和建议的基础上，在充分尊重评估机构出具的评估及偿债能力分析结论的前提下……结合安盛船务实际情况，制定本重整计划"；在（2019）闽0503破2号也存在相似表述。再比如（2016）闽0102破2号案，"第一次债权人会议之后，管理人依法委托审计机构、评估机构对阳泰集团等六家公司的资产进行审计、评估，在审计、评估结果的基础上，结合已经掌握的阳泰集团等六家公司的资产、负债情况……制定本重整计划",在中介机构提供的报告基础上,管理人仅调查了破产债务人的资产及负债状况,对行业背景、市场收益率、资质证书等影响重整价值及模拟清算的事项并没有作深入的调查。

这折射出一个问题,即在关于重整价值、模拟清算分析及重整计划的可行性研究里,作为信托人的管理人过分信赖中介机构的审计、法律及评估服务,未充分挖掘调查权,对调查权进行深入讨论的个案并不多见。

(二)经营管理权的转委托

《企业破产法》第七十三条、第七十四条规定了债务人自行管理的重整模式,但是并没有规定债务人以外的第三人的经营管理事项,除了第七十三条、第七十四条所规定的情形外,一般由管理人负责债务人的经营管理。但是,《企业破产法》第二十八条规定,管理人经人民法院许可,可以聘用必要的工作人员。这里所指的必要工作人员的职责范围,应包括经营管理事务。但是,第二十八条所指向的仅为聘用关系,而不是委托或转委托关系。在60宗案件里,甚少有转委托第三人实施日常经营管理事务的,唯有两起例外。

(2018)闽02破18号、(2018)闽02破19号案中,管理人在接管债务人后,指派工作人员长驻公司,全面监督管理债务人各项生产经营,保证重整期间有序经营,并委托原意向重组方之一的企业的下属公司对债务人进行日常经营活动托管。可以明确的是,受托进行日常经营管理的主体并不是债务人或债务人的高层管理人员,也不是意向重组方,而是意向重组方的下属公司。事实上,在重整投资报价过程中,该意向重组方因为报价过低而落选,最终未能成为重组方。

(2018)闽02破18号、(2018)闽02破19号案有其特殊性。在破产重整程序开始之前,意向重组方及其下属公司早已经介入了破产重整债务人的日常经营活动。因此,意向重组方及其下属公司对破产重整债务人的日

39

常经营较为熟悉，也了解市场动向。从这个角度看，为了破产重整债务人资产的保值、增值，并提高重整效率，重整事项管理人将日常经营事务委托给第三方并无不妥。但是，这却违背了《企业破产法》第二十五条、第二十七条、第七十三条、第七十四条之规定。如果主张适用《企业破产法》第二十八条的话，在本案中却又不妥。因为（2018）闽02破18号、（2018）闽02破19号案所对应的受托经营者为法人主体，并不是自然人主体，自然不能适用第二十八条所规定的工作人员范畴。

（2018）闽02破18号、（2018）闽02破19号案反映出《企业破产法》对管理人信托义务引发的权责配置的混乱，在刚性信托关系下，管理人转授权的空间不足，与第三人熟悉公司日常经营业务的情况发生了矛盾。

（三）管理人信托义务是否接受法院的监督

根据《企业破产法》第二十三条的规定，管理人依照本法规定执行职务，向人民法院报告工作，并接受债权人会议和债权人委员会的监督。这里表达两方面内容：第一，管理人向法院负有报告工作的义务，它需要以书面或口头的形式向法院作工作陈述，法院接受管理人的工作报告，仅以中立者的角度去审视管理人的工作，并不能预设目标促使管理人实现，所以法院并不具有对管理人工作进行监督的权利或义务；第二，管理人需要接受来自债权人会议和债权人委员会的监督，因为在破产重整状态中，债权人会议和债权人委员会被假定为债务人的实际所有者。债权人会议和债权人委员会有权对管理人的工作进行监视、督促和管理，使管理人的工作达到预设的目标。

详细分析60宗案件，我们发现管理人混淆了报告和监督的区别，管理人认为其应该接受来自法院的监督，而不是向法院报告工作。这就相当于将法院置于利益相关者的关系当中，而不是裁判者的角色中。

比如（2019）闽0503破1号案的重整计划草案表明，"为保证重整成功，避免安盛船务破产清算，管理人在丰泽法院的监督和指导下……"，

（2019）闽0503破2号案的重整计划草案亦明确"管理人在丰泽法院的监督和指导下"，甚至在（2019）闽0921破1号重整计划草案以"高度重视"的字眼陈述了法院的监督权，"霞浦法院对金顶丰年公司重整高度重视，对重整相关事项严格把关和监督"。这三起破产重整案的计划草案表明，管理人其实对法院作为中立者、观察者的角色是不适应的，内心深处他们认为其工作接受法院的监督，而不是接受来自债权人会议和债权人委员会的监督。一言以蔽之，管理人对其信托义务的委托人的角色定位是不清楚的。在60宗案件里，我们并没有在重整计划草案中看到管理人主动陈述接受债权人会议或债权人委员会监督管理的事项。

三、重整计划草案的表决次数及表决方式

债权人会议，是指在破产程序中，为了维护全体债权人的利益而由全体登记在册的债权人组成的表达债权人意志和统一债权人行动的组织。60宗案件里，债权人会议里全体组别通过的有31宗，占51.67%；一组组别不通过，但法院予以司法强制批准的有5宗，占8.3%；余下的宗数为驳回破产重整申请、移送管辖、合并重整、终止重整程序宣告破产及或转破产和解的。我们就36宗全体通过或司法强制批准的案例透露的债权人会议信息进行分析。

（一）债权人会议次数与表决次数

《企业破产法》第八十四条规定，人民法院应当自收到重整计划草案之日起三十日内召开债权人会议，对重整计划草案进行表决。第八十七条规定，部分表决组未通过重整计划草案的，债务人或者管理人可以同未通过重整计划草案的表决组协商。该表决组可以在协商后再表决一次。双方协商的结果不得损害其他表决组的利益。未通过重整计划草案的表决组拒绝

再次表决或者再次表决仍未通过重整计划草案，但重整计划草案符合下列条件的，债务人或者管理人可以申请人民法院批准重整计划草案。

《企业破产法》的立法精神表明，债权人会议关于重整计划草案的表决次数，一般不能超过两次。根据这样的理解，如果超过两次就意味着组别不通过的情形存在。但是，《企业破产法》对债权人会议的次数并未作出限制。

在 36 宗全体组别通过或司法强制批准通过的案例里，约 1/3 的案件在第一次债权人会议上即获全体组别表决通过；大多数的在第二次债权人会议中获得通过。但是 36 宗案例里，存在着两宗特殊案例。

在（2014）南民破字第 1—33 号案的民事裁定书中，2015 年 4 月 16 日召开的福建南电股份有限公司（以下简称南电公司）第三次债权人会议始获表决通过。但是，由于信息不明，我们无法判断第三次债权人会议是否等同于第三次表决。

在（2019）闽 0121 破 1 号案的民事裁定书中，显示"管理人于 2019 年 11 月 15 日向各债权人寄出《第四次债权人书面会议表决票》。经普通债权组再次表决后，仍未通过重整计划草案"。通过民事裁定书的信息可以获知，该案的债权人会议至少召开过四次，但是否超过两次实施重整计划草案表决，裁定书并未透露相应信息。

这里需要讨论的是，既然债权人会议可以多次，为什么重整计划草案的表决次数被限定为两次，理论依据是什么？对此，《企业破产法》并作出明确规定。

（二）是否有专家成员列席债权人会议

学者们认为，债权人会议是"实现债权人破产程序参与权的机构"。他们建议，为便于充分实现债权人的破产程序参与权，应当承认和强化债权人行使议决权的听取报告权、选任常设的监督机构。甚至有学者认为，应当借鉴仲裁制度建立我国债权人会议的专家制度，在破产债权人会议的组成上引进专家成员。对于学者的以上建议，我们在36宗案例里并未发现债权人会议设置了常设的监督机构，亦未有看到专家成员列席债权人会议。

（三）表决方式

36宗全体组别通过或司法强制批准通过的案例（以下简称36宗案件）里，多数采用现场表决的方式，一部分采用书面表决方式，另外还有小部分采用线上和线下同步表决方式。即就重整计划草案的表决，现在采用的表决方式呈灵活多样的特征。

最近较为热门的北大方正集团破产重整案，采用的就是线上和线下相结合的审理方式。为了坚持做好疫情防控工作，北大方正集团重整案债权人会议采用网络会议形式召开，管理人代表、企业代表、审计评估机构代表现场参加会议，债权人、职工代表通过登录全国企业破产重整案件信息网，以线上方式参加会议。为更好地便利债权人行使表决权，北大方正集团重整案的表决采取了书面表决和现场线上表决相结合的方式，债权人可根据自身情况进行选择。

作为一种万物互联的产物，网络债权人会议因其高效率和便捷性受到各级法院的欢迎。当然，新的产物必然会遇到新的问题，比较典型、突出的问题有：（1）债权人的参会选择权问题。新的表决机制应兼顾债权人的选择权，不应单一地采用网络投票的机制。（2）参会人员身份真实性的验证问题。我国目前网络债权人会议的实践中使用登录账号作为确认债权人身份的手段，债权人必须以全国企业破产重整案件信息平台向其发送的账号和动态密码登录网站参会。这种方式存在的问题在于，其完全依赖于债权人提供信息的准确性和管理人工作的规范性、尽职性，缺乏监督和复核的机制。（3）网络债权人会议限制了债权人讨论和质询的权利。因此，倘若采用线上会议的形式，必须就这三个突出问题作出预案。

在36宗案件里，采用了线上形式的有两宗，分别是（2019）闽0503

破1号及（2019）闽0503破2号案。两案所涉及的债务人系一家上市公司及其关联公司，所涉及的利益相关方人数多、情况复杂，其中，（2019）闽0503破1号所涉及的表决票为187票，（2019）闽0503破2号则为1274票。另外，两案的债权人会议表决时间均为2020年10月20日，为疫情防控的攻坚时刻。两个案子均没有剥夺利益相关方的现场参会权，允许债权人选择线上表决或线下书面表决的形式。

在36宗案件里，还有一部分采用非现场书面表决的形式。（2016）闽0583破2号案中，管理人采用非现场书面表决方式对重整计划草案进行表决，债权人及出资人应于2017年1月6日前以书面方式向管理人提交表决票。（2020）闽0481破1号同样也是在疫情期间召开债权人会议的，但是它选择的是非现场书面表决方式。非现场书面表决方式相对于网络会议，也存在一定问题：第一，效率差；第二，不利于债权人的现场监督和质询。应该说，随着网络技术的不断深入发展，未来现场和网络相结合的表决机制应该会成为破产重整表决方式的主流模式。

四、强制批准的案例分析

在60宗案件里，个别表决组未通过的情形下，由法院予以强制批准通过的案例仅有五宗，分别是（2019）闽0121破1号、（2019）闽0128破1号、（2018）闽0502破2号、（2016）闽0603民破1号及（2014）南民破字第1号，占8.3%，下面就该5宗案例作相应的分析。较低的强制批准比例，说明法官在行使强制批准权方面，态度十分谨慎，并不是一些学者所称的法官滥用了强制批准权。

（一）未通过的组别

5宗强制批准的重整案例，未获得通过的组别均为1组，尚未发现存在

2组及以上组别未通过的情形下,法官行使强制批准权的现象。

5宗未获全部组别通过的案例中,仅有(2019)闽0121破1号案系普通债权人组未通过重整计划草案,其余4宗均为出资人组未通过重整计划草案。这也说明了在重整程序中,相较于普通债权人,出资人受到重整计划草案的利益影响更大,其反对的态度更为强烈。

(二)强制批准的理由陈述

在(2019)闽0121破1号案中,法院行使强制批准权以支持重整计划草案的理由有三点:(1)重整计划草案较好地平衡了各方利益;(2)有利于挽救有重整价值的破产企业;(3)维护社会稳定。

事实上,根据《企业破产法》的规定,破产重整在普通债权人作为异见者的情况下,强制批准裁定的前提为"普通债权所获得的清偿比例,不低于其在重整计划草案被提请批准时依照破产清算程序所能获得的清偿比例"。关于作为普通债权人的无担保债权人采用的是地板清算规则,也有学者称之为债权人利益最大化原则,即要求给予无担保债权人不低于清算中所能获得的权益。严格来讲,"地板清算规则"并非是在指示法院或破产重整的信托人如何往债权人利益最大化的角度行事,而是在于保障债权人的收益底线——即不低于清算所得。这里的两项衡量指标,一项是重整值,另一项为清算值(更多的是模拟指标)。破产企业并没有实质进入清算,那自然谈不上实质清算值。为陈述重整值高于清算值,使债权人利益最大化,(2019)闽0121破1号民事裁定书大量引用了重整计划草案的重整值和清算值的比较陈述,其陈述列示如下:按照重整计划草案,普通债权在重整计划草案中的清偿比例高于宏盛公司依照破产清算程序所获得的清偿比例。经本院确认的普通债权总额为91630707.96元。宏盛公司的资产构成情况主要由固定资产、无形资产、存货、货币资金等部分组成。根据福建华茂资产评估房地产土地估价有限责任公司出具的闽华茂资评报字

（2019）第Z037号《资产评估报告》，以2019年3月31日为基准日，宏盛公司的机器设备评估价为1793541元，变现值为1073200元；存货评估价为2207708元，变现值为1289000元。上述机器设备包括以下已拍卖成交的闽AG×××东风日产牌小轿车、闽AV×××长安牌运输车、闽AF×××本田凌派轿车三辆车辆（已变现的三辆车的评估价为96026元、评估的变现值为54735元、成交价为87718.2元）。根据福建华成房地产土地资产评估有限公司出具的闽华成评报（2019）资字第1001号《资产评估报告》，以2018年11月30日为基准日，宏盛公司的1项发明专利及12项商标权评估值为2116500元。宏盛公司银行账户及管理人银行账户余额合计355678.98元。综上，评估价下的宏盛公司资产总计6377401.98元，变现值下的宏盛公司资产总计4779643.98元。重整计划草案中，投资人福建一品居食品有限公司投入资金5000000元，同时福建一品居食品有限公司按评估价15%收购机器设备和存货，即收购价为585783.45元，加上宏盛公司银行账户及管理人银行账户余额合计355678.98元，宏盛公司用于清偿债务的资金为5941462.43元，该金额高于变现值下的宏盛公司资产4779643.98元。执行重整计划草案，宏盛公司的普通债权所获得的清偿比例，高于宏盛公司依照破产清算程序按资产变现值计算的所能获得的清偿比例。同时，重整投资人福建一品居食品有限公司在宏盛公司管理人提请本院批准重整计划草案后，承诺额外追加资金至630万元（该630万元已提前汇入宏盛公司管理人账户）用于偿还宏盛公司债务，加上宏盛公司银行账户及管理人银行账户余额合计355678.98元，实际上宏盛公司可用于清偿债务的资金为6655678.98元，最后宏盛公司的普通债权所获得的清偿比例，亦高于宏盛公司依照破产清算程序按资产评估价计算的所能获得的清偿比例。通过重整计划草案，提高了普通债权清偿率，最大限度地保护债权人的合法权益。

在涉及出资人组反对的情形下，法院行使强制批准权以支持重整计划草案的理由更多地集中在"重整计划草案对出资人组的权益调整是公平、公正的"上。

难能可贵的是,(2018)闽0502破2号较为系统性地陈述了法院行使强制批准权的理由,表述如下:

本案经本院审判委员会讨论后认为,根据《中华人民共和国企业破产法》第八十七条第二款、第三款规定:"未通过重整计划草案的表决组拒绝再次表决或再次表决未能通过重整计划草案,但重整计划草案符合以下条件的,债务人或管理人可以申请人民法院批准重整计划草案:(一)按照重整计划草案,本法第八十二条第一款第一项所列债权就该特定财产将获得全额清偿,其因延期清偿所受的损失将得到公平补偿,并且其担保权未受到实质性损害,或者该表决组已经通过重整计划草案;(二)按照重整计划草案,本法第八十二条第一款第二项、第三项所列债权将获得全额清偿,或者相应表决组已经通过重整计划草案;(三)按照重整计划草案,普通债权所获得的清偿比例,不低于其在重整计划草案被提请批准时依照破产清算程序所能获得的清偿比例,或者该表决组已经通过重整计划草案;(四)重整计划草案对出资人权益的调整公平、公正,或者出资人组已经通过重整计划草案;(五)重整计划草案公平对待同一表决组的成员,并且所规定的债权清偿顺序不违反本法第一百一十三条的规定;(六)债务人的经营方案具有可行性。人民法院经审查认为重整计划草案符合前款规定的,应当自收到申请之日起三十日内裁定批准,终止重整程序,并予以公告。"本案中,根据重整计划草案,职工债权已全额清偿,且税收债权可获全额清偿;普通债权所获得的清偿比例,不低于其在重整计划草案被提请批准时依照破产清算程序所能获得的清偿比例,且普通债权组已通过重整计划草案,在超越服饰(中国)有限公司资不抵债[根据本院于2018年7月30日作出的(2018)

闽 0502 破 2 号裁定，债权人对超越服饰（中国）有限公司的无争议债权总额为 376945340.36 元，另根据审计报告超越服饰（中国）有限公司资产价值约为 156401987.89 元（截至 2018 年 6 月 30 日）]的情况下，将原出资人的股权调整为零，草案对出资人权益的调整公平、公正；重整计划草案公平对待同一表决组成员且规定的债权清偿顺序符合法律规定；重整计划草案中的经营方案具有较强的可行性。综上所述，超越服饰（中国）有限公司重整计划草案符合法律规定裁定批准的条件。

实际上，《企业破产法》仅就重整计划对出资人权益影响设定了公平、公正的司法考察标准。但是，作为最后的剩余价值索取者，在无后续排序的分配者状况下，并不存在与其他组别不公平、不公正的事项。因此，该等司法考察标准近似于未设标准。是否赋予原有股东最低期待利益，《企业破产法》未作出明文规定。因此，实践中的案例就体现为是否对出资人利益产生了影响。如果出资人权益数为零，那么法官往往就认为对出资人权益并不构成影响，这样的重整计划草案，即使出资人反对，也不会产生不公平、不公正事项。基于这样的原理，不仅（2018）闽 0502 破 2 号用大篇幅论证债务人资不抵债意味着出资人权益为零或负数，在其他三宗案例［即（2019）闽 0128 破 1 号、（2016）闽 0603 民破 1 号及（2014）南民破字第 1 号］里，也花了较大的篇幅论证债务人的所有者权益为负值的理由。

五、表决组别的设置

在正常情况下，债权人会议的表决组别包括：(1) 担保债权人组；(2) 职工债权组；(3) 税务组；(4) 普通债权组；(5) 出资人组。在 60 宗案件里，多数按照上述表决组别进行重整计划草案的表决。

（一）出资人组的问题

2014年至2021年2月28日福建省全省审结并获批准通过的36宗（各组别通过和强制批准通过）破产重整案件中，不设出资人组的共计有13宗，占整体比例36.1%。《企业破产法》第八十五条第二款规定，重整计划草案涉及出资人权益调整事项的，应当设出资人组，对该事项进行表决。

需要讨论的是，是什么原因让管理人认为重整计划草案并不涉及出资人权益调整事项，从而导致管理人决定不设置出资人组。

出资人权益调整，是指在破产重整程序中，对公司现有的股权结构（包括总股本、持股人、持股份额、持股比例等）进行相应调整，以清偿公司债务、维持公司经营、避免公司清算的重整措施。出资人权益调整事项，主要体现为以下三类。

第一，股权让渡，即原有股东将其持有的债务人股权的一部分或全部无偿转让。

第二，缩股，即原有股东将其持有的债务人股权按照一定比例缩减并注销。

第三，资本公积转增股本，将转增后的股份用于公开处置获得偿债资金、引入战略投资人、直接用于偿付债务。

在（2016）闽02民破1号案中，其实涉及原有股东的股权让渡行为。其民事裁定书描述如下："因公司股东林某旗、陈某国已自愿承诺按重整计划将其分别持有的公司46%、10%股份全部无偿让渡给债权人指定的企业或个人，重整计划不涉及出资人权益调整事项，故无须设投资人组进行表决。"（2016）闽02民破1号案民事裁定书的表述存在着问题，因为该案属于典型的原有股东的股权让渡行为，实际上也涉及出资人权益的调整。而公司两位股东林某旗、陈某国系自愿作出的承诺，应视为已经事先同意，因而无须再设置出资人组予以表决。

（2019）闽0503破2号案的民事裁定书认为因《重整计划草案》未涉及出资人权益调整，故未设出资人组。查看（2019）闽0503破2号案的重整计划草案，有如下陈述："为支持安通物流重整的顺利进行，安通物流的股东安通控股将向安通物流提供826226477.99元现金、292201769股转增股票，用于安通物流债务的清偿。基于此，此次安通物流重整不再进行出资人权益调整，即安通物流本次重整完成后，安通控股继续持有安通物流100%股权。"其实这样的重整计划草案涉及原有股东的新价值投入，虽然在总体权益上原有股东依然保持100%股权比例，但原有股东为该等100%股权比例的保留，实施了新价值投入行为。（2019）闽0503破2号亦反映出一个问题，即管理人与法官认为原有股东的新价值溢余不属于出资人权益调整事项。

事实上，（2019）闽0921破1—7号案的附件重整计划草案中，明确地陈述了出资人权益调整的必要性，其陈述如下："（1）出资人权益调整的必要性。金顶丰年公司已经严重资不抵债。如果金顶丰年公司破产清算，现有资产将无法满足各类债务的清偿，更无剩余财产向出资人分配，出资人权益为零。为挽救金顶丰年公司及各债权人的权益，避免破产清算的风险，出资人应与债权人共同努力，并分担金顶丰年公司重生的成本。因此，在本重整计划中，将对出资人权益进行调整。（2）出资人权益调整范围。根据《企业破产法》第八十五条第二款规定，重整计划涉及出资人权益调整事项的，债权人会议将设出资人组，对重整计划草案进行表决。由于本重整计划草案将金顶丰年公司出资人权益调整为零，因此设立出资人组。出资人组由目前工商登记的金顶丰年公司全体股东组成即福建省耀丰投资有限公司和张师杰。在本重整计划规定的出资人权益调整方案实施完毕前，由于交易或非交易等原因导致持股情况发生变动的，本重整计划规定的出资人权益调整方案的效力及于其股权的受让方及承继人。（3）出资人权益调整方式。金顶丰年公司原股东为积极达成金顶丰年公司重整，通过合法股权处置方式,由重整方依法受让原股东持有的 100% 股权,并提供偿债资金。出资人无偿让渡其所持金顶丰年公司的全部股权,前述股权将由重整投资人受让。"但在重整计划草案中陈述出的出资人权益调整事项,具体到民事裁定书中,则被法官认定为未涉及出资人权益调整,故不予设立出资人组。

(二)小额债权组问题

《企业破产法》第八十二条规定,人民法院在必要时可以决定在普通债权组中设小额债权组对重整计划草案进行表决。

2014 年至 2021 年 2 月 28 日福建省全省审结并获批准通过的 36 宗(各组别通过和强制批准通过)破产重整案件中,专门设立小额债权组的有 2 宗,分别是(2016)闽 0603 民破 1 号及(2018)闽 02 破 18 号案。这反映了福建各级法院在设立小额债权组方面的谨慎态度。

对无担保债权人人数众多的破产重整案件而言,倘所有同等级分配顺序的无担保债权人分为一组,在清偿率较低的情形下,容易引发一众小额债权人反对而无法满足《企业破产法》双重多数决条件。因而,对小额债权人实行单独分组,设定更高的比例予以清偿,具有瓦解同等级分配顺序的无担保债权人的效果。从这个角度看,《企业破产法》第八十二条的这项规定,是具有"权谋"特征的。从正当权益的角度看,小额债权组的设置,并不必然导致分配金额出现不公平、不公正的现象,但是它使得权益实现的路径不平等,即同债不同表决权,从而最终造成各组别实际分配比例出现了差异。然而这种损害是建立在不歧视的基础上的,即通过弱势群体的保护,兼容重整效率的提升以便维持破产重整公司的持续经营价值,因而该种损害,就其路径而言,是一种正当性损害。

(2016)闽 0603 民破 1 号案由于涉及购房者的权益,因此,该案结合实际情况,将涉及人数众多的购房户普通债权(共计 453 户)列为小额债权组。"小额债权组即购房户普通债权，由交付 75% 以下（不含本数）购房款的 1#、3# 及店铺购房户以及购买未取得预售许可的 2#、4# 房产的购房债权人组成。无争议小额债权总额为 96002787.80 元，或有小额债权总额为 6045519.00 元，未确定的小额债权总额为 3737250.20 元。本重整计划（草案）将或有和未确定的小额债权均按 100% 比例予以预提。"该案中，将小额债权组按 100% 比率预提，考虑到了购房者维持家庭安居的社会考量因素，并无不当。相较而言，（2018）闽 02 破 18 号案设立小额债权组则未有体现出正当理由。因为案涉归类的小额债权组户数仅有 3 户，即使加上其他普通债权组，也仅合计为 10 户。从（2018）闽 02 破 18 号案民事裁定书及其附件重整计划草案也看不出设置小额债权组的必要性。

六、驳回重整申请的理由

在 60 宗案件里，36 宗重整计划草案获准通过，另外有不予受理、移送管辖、合并重整、终止重整程序宣告破产或转破产和解的共计 22 宗，有 2 宗案件被驳回破产重整申请，占比为 3.33%。

（一）驳回的理由

（2020）闽 02 破 199 号民事裁定书以较大的篇幅说明了法院驳回重整申请的理由：

> 本院认为，破产重整作为《企业破产法》规定的一项制度，是在企业具备或者可能具备破产条件但又具有再生希望的情况下，为了实现企业继续经营，使其摆脱困境的一种债务清理制度。根据《企业破产法》第二条以及《全国法院破产审判工作会议纪要》第十四条的规定，破产重整的对象应当是具有重整价值和挽救可能的困境企业。因此，企业是否应当进入破产重整程序应当审查两个

标准：(1) 企业是否符合破产条件，即企业是否不能清偿到期债务，且资产不足以清偿全部债务或者明显缺乏清偿能力，或者有明显丧失清偿能力可能的；(2) 企业具备重整价值和重整可能。关于标准1，本案中，涌泉科技公司名下财产虽涉及不动产、林权、车辆及对外投资等，但其核心资产即位于福建省厦门市集美区灌口涌泉工业园的四栋房产，经评估后价值为95902400元，且涌泉科技公司涉及大量诉讼与执行案件，部分执行案件已终结本次执行，故可以认定涌泉科技公司明显缺乏清偿能力，符合破产条件。关于标准2，企业是否具备重整价值和重整可能，应当从企业是否具有经营价值，依据企业的资产状况和行业发展前景，并综合考量破产程序各参与方的意愿等进行审慎判断。本案中，根据前述查明的事实，涌泉科技公司已停止经营，公司未再从事任何营业范围内的相关业务，企业已无继续经营价值，且债务人及部分债权人亦不同意破产重整，故可以认定涌泉科技公司明显不具备重整价值以及挽救可能。综上，涌泉科技公司虽具备破产条件但明显不具有重整价值和挽救可能，且无人对涌泉科技公司提出破产清算申请，故本案应当驳回涌泉科技公司的申请。

由该案民事裁定书可见，企业具备重整价值和重整可能是债务人进入破产重整程序的前置条件。由民事裁定书亦可发现，法官主动审查了债务人是否具有重整价值和重整可能。

该案民事裁定书法官认定债务人不具有重整价值和重整可能，从而驳回重整申请的理据之一是"涌泉科技公司已停止经营，公司未再从事任何营业范围内的相关业务，企业已无继续经营价值"。诚然，重整是建立在永续经营的假设前提上，一旦永续经营的假设前提失去了，那么债务人也就不存在各种生产要素的良好结合。但是，永续经营假设前提的丧失，需要区分暂时性停业和不可持续经营两种状况，企业因为没有流动资金导致的

53

暂时性停业或歇业，并不构成永续经营能力的丧失。遗憾的是，该案民事裁定书并未对之作出回应。

重整价值及重整可能的判断，正如该案民事裁定书所述，需要依据企业的资产状况、行业发展前景，并综合考量破产程序各参与方的意愿等进行审慎判断。正如侯晶所述，资源的有效配置是上市公司破产重整价值判断体系的逻辑起点，企业本身、所处行业以及整个社会资源配置状态，会影响重整价值判断，资源配置约束会直接影响重整价值判断应用体系。法官的理解并无不当。但是，问题在于法官是否运用调查权主动审查破产企业具备重整价值和重整可能，这是我们接下来所需要关注的话题。

（二）主动调查还是被动调查

（2020）闽02破199号和（2020）闽02破200号案法官调查债务人是否具备重整价值和重整可能，并非是一种主动行使调查权下的积极司法审查，相反，它是一种消极司法审查，这也符合了法官作为中立者、观察者的角色。比如，（2020）闽02破199号案及（2020）闽02破200号案的第一次债权人会议上，债务人及债权人福建闽投资产管理有限公司、厦门资产管理有限公司、中国农业银行股份有限公司厦门莲前支行、中国工商银行股份有限公司厦门集美支行等以涌泉科技公司不符合破产条件、不具备重整可行性为由，对涌泉科技公司进入重整程序提出异议。债权人的这些异议获得了法官的支持，并且最终裁定驳回破产重整请求。在两案中，法官结合了债权人的异议事实和管理人提供的材料事实予以确认，并非是一种主动调查下的司法审查行为。

七、重整投资人的招募

破产重整作为挽救企业的重要程序，离不开投资人的参与。投资人参与破产重整的形式也很多样，可以作为重整投资人进行财务投资或战略投资，也可以通过共益债务形式投资，亦有资产管理公司（即 AMC）通过不良债权收购参与重整。

引入投资人的意义在于：（1）维持企业运营、执行重整计划等均需增量资金支持；（2）恢复持续经营和盈利能力亟待注入优质资产；（3）解决债务人职工安置问题的需要；（4）改善债务人法人治理结构的需求。

在 60 宗案件里，有部分案子因为没有引进投资人从而终结了重整程序，比如（2017）闽 0105 破 4 号案，债务人福建哥仑步户外用品股份有限公司、福州乾人服装有限公司、福州哥仑步户外用品有限公司的管理人向法院提出申请，称经其调查，债务人的重整期限届满，无投资人参与重整。依据《企业破产法》第七十九条第三款之规定，请求裁定终止重整程序，并宣告福建哥仑步户外用品股份有限公司、福州乾人服装有限公司、福州哥仑步户外用品有限公司破产。

（一）通过公开招募程序招募投资人

在多数案例中，管理人通过全国企业破产重整案件信息网发布公开招募投资人信息，实行公开招募程序。如（2019）闽 0921 破 1 号、（2019）闽 04 破 2 号、（2018）闽 02 破 18 号、（2018）闽 02 破 19 号案，均在全国企业破产重整案件信息网发布投资人公开招募信息。其中（2018）闽 02 破 18 号、（2018）闽 02 破 19 号案同时还在《福建日报》上发布了投资人公开招募信息。

（二）通过协商方式招募投资人

在（2019）闽 04 破 2 号案中，管理人自 2019 年 8 月 15 日起，在全国企业破产重整案件信息网发布投资人公开招募公告，公开向社会招募重整投资人。但是截至 2019 年 9 月 15 日招募期限届满，未有意向重整投资人正式响应。基于部分购房人、债权人的强烈要求，管理人通过协商方式引进当地国有建设开发公司作为重整投资人。

（三）通过公开遴选方式确定投资人

（2016）闽0502破1号案、（2016）闽05民破7号案及（2016）闽0502民破1号案系以公开遴选的方式确定重整投资人。但是，鉴于资料的缺失，尚无从得知管理人确定的公开遴选规则。

（四）政府推荐方式确定投资人

在（2019）闽0581破1号案中案涉不动产项目为一个烂尾楼项目。当地政府多次邀请了多家房地产开发企业考察债务人及不动产项目，并积极协调债务人引进战略重整方，但均告失败。最终，在当地政府的强力推进下，意向重整方终于同意解决债务人不动产项目的改造重建并解决历史遗留问题。为此，意向重整方前期垫付了大量资金，并积极参与和推动不动产项目的拆迁安置协议的谈判、签署工作。意向重整方也向（2019）闽0581破1号案涉管理人提出愿意作为债务人的重整方，并承担项目拆迁安置补偿义务。在第一次债权人会议前，管理人会议通过纪要的形式确定意向重整方作为债务人重整方。

八、模拟清算分析的依据

韩长印认为重整倘若能够得以成功，需要有重整溢价获得，即重整价值超过清算价值，由此每个利益相关者可因此获益。因此，在破产重整程序中进行模拟清算分析的第一个意义在于，通过模拟清算分析，从而比对重整价值之间的比值关系，得出破产重整程序是否具正当性的结论。破产重整所带来的收益（意指重整价值）是否超过了破产清算价值，便成为走重整程序的正当理由。反过来看，如果破产企业不具有重整价值，也就是重整价值低于清算价值，那么公司就不适合走破产重整程序，而只能申请破产清算。

根据《企业破产法》第八十七条第二款第三项规定，模拟清算分析是异见普通债权人地板清算规则的计算前提。重整计划下的分配不仅必须满足"强制裁定"测试，还必须满足地板清算规则（即"最佳利益"）测试。这一测试使普通债权人有权根据该重整计划分得的价值不低于他们根据破产清算假设所计算得到的价值。

重整价值和清算价值的区别在于，重整价值代入了营业要素作为整体性结合的考察，而清算价值则无。

（一）以评估报告和调查事项综合判断

多数案例在模拟清算价值分析的依据时采纳了中介机构，特别是资产评估师事务所的评估报告，再结合其他调查事项因素予以综合考察。

在（2017）闽0426破1号案中，管理人作出了模拟清算分析，假定合利公司重整计划草案未能通过情况下实施破产清算，以经调查可变现、可供用于清偿债权的全部现金及实物资产用于清偿，且资产可以整体一次性转让，已经评估资产可以参照评估值转让下的测算分析，得出普通债权的清偿率约为2.2%的结论。为支持这个结论，在涉及不动产抵押物方面，管理人依据资产评估房地产估价有限公司出具的《资产评估报告书》，并结合近期淘宝网司法拍卖金额对抵押物变现价值进行判断；在涉及应收账款方面，管理人并未进行估算，而是假定日后清收，再行分配；在涉及排污许可证方面，管理人参考海峡股权交易中心近期公布的《福建省排污权出让信息公告记录》，确定该财产价值。同时，管理人也依据《福建省人民政府关于推进排污权有偿使用和交易工作的意见》第二条第三款"无偿取得的初始排污权不得交易"以及第六条第五款"排污单位自愿放弃的排污权，或破产、关停、取缔、迁出其所在行政区域的，其无偿取得的排污权，由当地政府无偿收回"的规定，合利公司的排污许可证（排污权）具有一定的使用价值和财产价值，认为现状下无法通过拍卖或转让变现。事实上，排污许可证具有营业价值，是以企业存续为前提条件的，因此在不具有持续经营前提下的模拟清算分析中认为排污许可证具有清算价值，并不妥当。

在（2016）闽0603民破1号案中，管理人依据评估机构按清算价值法评估的《评估报告》和《审计报告》中的账面价值，确定清算评估价值。

（二）以重整价值为基础判断清算价值

在（2016）闽0102破2号案中，管理人并未正面对清算价值进行分析，而是先进行重整价值分析，再以重整价值分析为基础进行清算分析。

在管理人出具的重整计划草案中陈述如下：本重整计划结合资产快速变现价值（清算价值）的一般标准，按照重整状态下评估价值的80%计算资产在清算状态下的处置价值，即阳泰集团等六家公司资产整体按照41605709.81元估算清算价值。

以"一刀切"的方式（也就是80%的比率），确定债务人财产的清算价值，似乎过于武断。在重整计划草案中，并未给出以重整价值实施80%折价计算清算价值的理由和依据。换句话讲，管理人并未妥当地处理其调查权。

（三）以中介机构出具的清算分析报告为依据

（2016）闽05民破1号案的模拟清算分析，则完全根据资产评估机构出具的《偿债能力分析报告》得出结论。在重整计划草案中作如下陈述：根据北京天健兴业资产评估有限公司出具的《偿债能力分析报告》，铁观音集团如破产清算，假定其资产均能够按照评估价值变现，在优先清偿破产费用与共益债务、有财产担保债权之后，可用于清偿普通债权的财产数额仅为 8206804.49 元，按照普通债权金额 471724864.35 元计算，普通债权的清偿率仅为 1.74%。

为更符合谨慎原则，管理人还判断实际破产清算的清偿率可能低于预估：

> 铁观音集团如破产清算，普通债权能够获得上述清偿率的前提是：表格中所列财产均能够按照评估价值变现，且破产费用能够控制在评估机构预测的范围内。但根据铁观音集团的实际情况，以及破产财产处置实践经验，铁观音集团如果破产清算，财产的实际变现价值将会大打折扣，并且处置时间也受不确定因素影响，破产清算进程可能变得极为漫长。而漫长的破产清算程序可能会带来超过预期的费用。基于以上因素，铁观音集团在破产清算状态下普通债权的实际受偿率可能比《偿债能力分析报告》预计的更低。

（2014）南民破字第 1 号案则以资产评估机构出具的报告，作为模拟清算分析的依据。管理人根据福建国信资产评估有限公司出具的国信评报字〔2014〕第 086 号《福建南电股份有限公司拟破产重整涉及的股东全部权益价值资产评估报告》，福建南电如实施破产清算，假定福建南电可变现资产能够按照评估值变现，则在分配等级秩序下，将无资产分配给其他的普通债权人，普通债权所能获得的清偿率为零。

九、重整价值的判断

企业具备重整价值，才有必要进行重整。因此，判断一个企业是否具备重整价值显得非常重要。然而，对重整价值的判断更多的是一种主观认识，没有确切的标准，判断难度大，判断的结果具有很大的不确定性，所以对重整价值的判断，要全面、动态地进行考虑。严格来讲，企业是否具备拯救希望，其本身就是一种市场判断，具备很强的经济属性，理应由市场来决定。但是，一旦进入了司法程序，就无法避开以司法途径对其进行审视。

笔者试分析60宗案件对重整价值的判断，以概况其总体性特征（总体性考察因素）。

在（2020）闽05破21号案中，通过主要营业的发展战略予以陈述重整具有经济价值。在其重整计划草案中列示了自2014年以来国务院关于物流业的发展规划，得出多式联运与供应链发展政策利好的行业发展背景；同时，通过数据得出内贸集装箱物流市场需求较为旺盛的结论；与此同时，管理人还认为，内贸集装箱物流行业集中度较高、供应链市场庞大，给债务人发展重生的机会。管理人通过债务人自身在集装箱物流领域的深扎根、广布局，一直稳居国内领先地位，认为债务人具备继续发展的优势，基于完备的多式联运物流网络与丰富的装备资源，债务人的业务不断延伸，便捷、高效、智慧的"门—门"全程综合物流服务广为市场所知，吸引并沉淀了大宗商品类客户多达4万家，规模效益初步体现。总结而言，在（2020）闽05破21号案中，对重整价值的论述，管理人展示了行业前景、债务人在行业中的地位、债务人的业务管理能力等因素论证重整价值。

在（2019）闽04破2号案中，管理人认为，重整倘若获得成功，将给予包括买房人在内的所有债权人最大限度和最有力的保护，有利于局部经济稳定和社会稳定。因而，（2019）闽04破2号案的管理人更多的是从社会影响的角度来论证重整价值。

在（2019）闽0121破1号案中，管理人认为，债务人重整如能成功实施："1.债务人法人主体资格继续存续，债务人将继续持有'青红'牌'中华老字号'，仍拥有1项发明专利及12项商标等无形资产；2.职工债权将全额得到清偿；3.员工返聘。"因此，在（2019）闽0121破1号案中，管理人更多的是从债务人的无形资产、资质以及社会影响的角度论证重整价值。

事实上，通过上述案例的总结分析，可以发现管理人在阐述重整价值时，考虑的因素稍有欠缺。

有些困境企业出现破产原因并非因违法经营、违规经营所致，而是由于资金链断裂，债务到期，难以支撑公司持续经营。但是这类企业的行业发展前景是很可观的，并且社会影响也较大，轻易进入破产清算程序，造成的经济损失和社会损失不可估量，甚至加剧社会不稳定因素的产生。

关于重整价值的判断因素，通常考虑如下内涵。

（一）宏观方面的考察因素

宏观方面的考察因素包括:（1）行业前景判断。行业前景判断是指破产重整企业所处行业未来的景气度如何，即这个行业的未来是不是有着广阔的市场需求。（2）特殊地域优势。在某些地域，由当地资产、丰富的自然资源、政府的产业政策和鼓励措施等因素产生的生产优势被称为特殊地域优势。特殊地域优势给企业带来市场溢价和成本节约，并最终影响破产重整企业的价值判断。（3）可选择适用的税法特殊性待遇溢价。重整行为的产生，很可能导致债务人（作为纳税人）实现和确认收入，也可能对纳税人（作为债务人）有资格获得重整以外的优惠税收待遇的能力构成障碍。（4）有效投融资环境。有效的投融资环境是指资本市场建立了多层次、多元诉求投融资市场环境。一个发达、有效的投融资环境，使得资产属性得以被充分披露，并促使市场参与者作出如定价等方面的合理决策。（5）社会影响及社区关系。区域性规模型或支柱类型的企业，对地方经济发展的贡献较大，甚至会影响当地的就业环境，从而间接影响当地的治安及社会稳定。

（二）微观方面的考察因素

微观方面的考察因素主要考虑的是企业自身资产属性，包括：（1）资产属性的价格评估选择。资产本身的属性与价值评估方法的选择相关，不同的资产属性，对应不同的价格确认方法。（2）企业资质及批许。（3）人力资源。（4）重整意愿。在企业破产重整中，大股东对重整的支持程度及决心都会在一定程度上影响破产重整的进程。大股东的积极配合是破产重整价值判断中必不可少的一大定性及定量因素。因为如果大股东反对重整计划的推进，那么他将会用尽各种手段拖延重整的进程，这将增加重整计划实施的成本。如同大股东一样，债权人的意愿及在债权组表决中的态度，也是重整成本产生的一个定性及定量因素。

十、重整可行性判断

《企业破产法》第八十七条第二款第六项规定，重整计划草案获强制批准通过，要求债务人的经营方案具有可行性。因此，不论是民事裁定书，还是管理人出具的重整计划草案，均应着墨于重整计划的可行性分析。

重整可行性至少意味着两种状态：（1）重整各利益相关方特别是债权人将会得到重整计划中所承诺的现金、实物给付或期权对价；（2）一旦重整计划生效，公司至少是尽可能存续经营的。

在多数情况下，重整各利益相关方得到承诺的支付，那么公司的可持续经营也不会出现问题。但是，仍然有一些可以让债权人得到计划中承诺的给付或期权，但公司却无法存续，或者至少不会以重整计划所描述的经营方式存续。因此，对公司存续经营能力或生存能力的可行性预测，是管理人在选择重整计划草案时所应重点考虑的事项。

破产重整企业的生存能力意味着作为备选的重整计划草案需要被证实

满足破产重整后的企业不太可能随后进行清算,或不需要进一步的财务重组。应该说,这是一种关于二次破产的预测。

在(2017)闽0426破1号案中,管理人认为:"债务人生产及环保设备在同行业里属先进水平,如能通过破产重整程序解决第三方的担忧,引入第三方投资人,恢复正常生产,则可以解决连带保证等诸多问题。经多方共同努力,债务人已经与意向投资方签订《破产重整投资协议》,意向重整方拟出资2600万元参与重整,且已支付定金人民币520万元。"遗憾的是,在该案中,管理人仅就企业解决财务困境的资金作出安排,而没有陈述该资金安排可以实现对债权人的支付承诺,以及在获得资金安排后,企业的可持续经营不会再次出现问题。

相较而言,(2016)闽0102破2号案的重整计划草案在重整可行性的分析上则显得相对完善。管理人认为,债务人本身系因经营管理不善导致资金链断裂、业务渠道丧失而失去盈利能力。通过重整,恢复良性的营业渠道后,企业仍具有较高的盈利能力和发展前景。重整后,也有望短期内恢复品牌的授权,提高盈利能力。目前,公司仍保有杨桥中路经营场所的租赁权,地处福州市区中心,仍具有高度的经营优势和竞争力,债务人具有高度的重整价值。通过重整,可以维护、发挥公司资产的价值,避免贬值损失。特别是通过债转股,让转股的债权人获得资产持续运营的价值和企业继续盈利的价值,能够最大限度地避免债权人的损失。未债转股的债权人亦可获得与重整状态下按企业整体资产评估价值计算的清偿比例相当的现金清偿,获偿比例远高于清算状态下的清偿比例。此外,通过债转股和现金清偿相结合的方式,还可以解决现金清偿债权的资金来源,缩短债权的清偿周期,有利于重整计划的执行和相关债权人的利益。

事实上,有部分重整计划草案将重整计划的可行性误解为重整价值分析。如在(2016)闽0603民破1号案中,管理人用较大的篇幅论证债务人存在挽救的价值。

赵泓任在《企业破产重整计划可行性的法律分析》提到，重整计划的可行性需要重整制度在具体实体条件与程序机制方面进行保障，需要完善重整计划执行阶段的执行调整、执行监督与责任追究机制。他认为，由于市场变化，以及当事人合作、行政审批等事项可能在重整计划批准后出现不利于重整活动的变化，重整计划在执行过程中往往面临或大或小的执行风险。

基于这样的考虑，重整计划的执行阶段的调整、监督及责任追究机制，也属于重整可行性的考察事项。

但是，在60宗案件里，关于执行期限和执行监督的内涵，更多集中在债权分配事项内。以（2020）闽05破21号案为例，重整计划草案规定了执行完毕的标准，即自下列条件全部满足并由管理人出具重整计划执行情况的监督报告后，视为执行完毕：

首先，职工债权、普通债权已经按照债权调整和清偿方案获得清偿、提存和预留，债权人未领受的分配额已经按照重整计划的规定予以提存；根据重整计划的规定应当支付的重整费用已经支付完毕；

其次，根据重整计划的规定用于引入重整投资人的转增股票已经划转至重整投资人指定的证券账户。

为此，重整计划草案中规定，重整计划执行的监督期限与重整计划的执行期限相同，自泉州中院裁定批准重整计划之日起计算。因此，可以说，现有案例关于重整计划执行调整及监督，所涉及的重整计划可行性内涵，其实仅关注重整各利益相关方特别是债权人将会得到重整计划中所承诺的现金、实物给付或期权对价，而对债务人的可持续经营并未予以太多关注。

十一、法官批准重整计划草案的考虑因素

在2014年至2021年2月28日福建省60宗破产重整案例中，各组别均

获通过法院从而支持重整计划草案的有 31 宗，占 51.7%；单一组别未通过但法院强制批准通过重整计划草案的有 5 宗，占 8.33%。以下试分析该 36 宗案例里，法院支持重整计划草案的考虑因素。

（一）表决程序合法的考虑因素

在 36 宗组别均通过的案例中，法院支持重整计划草案的民事裁定书中，多数裁判文书涉及"重整计划草案的表决程序合法、有效，内容符合法律规定"或相似陈述。

（二）重整计划草案内容合法且具有可执行性

（2020）闽 05 破 21 号、（2019）闽 0121 破 1 号、（2018）闽 0502 破 1 号、（2018）闽 0502 破 2 号、（2016）闽 0502 破 1 号、（2016）闽 05 民破 4 号、（2016）闽 05 民破 1 号、（2016）闽 05 民破 2 号、（2015）泉民破字第 1 号等 9 宗案件在民事裁定书陈述了支持重整计划草案的理由之一是"案涉《重整计划草案》内容合法且具有可执行性"。

（三）公平对待同一表决组成员且符合《企业破产法》第一百一十三条规定

（2020）闽 0481 破 1 号、（2019）闽 0921 破 1-7 号、（2019）闽 04 破 2 号、（2019）闽 0121 破 1 号、（2019）闽 0128 破 1 号、（2018）闽 0502 破 2 号等 6 宗案件在民事裁定书陈述了支持重整计划草案的理由之一是"重整计划公平对待同一表决组的成员，所规定的债权清偿顺序不违反《企业破产法》第一百一十三条的规定"。

（四）普通债权的清偿比例不低于清算的清偿比例

（2019）闽 0581 破 1 号、（2019）闽 0921 破 1-7 号、（2019）闽 0121 破

1号、（2019）闽0128破1号、（2018）闽0502破1号、（2018）闽0502破2号、（2017）闽0426破1号、（2016）闽05民破7号、（2016）闽05民破4号、（2016）闽05民破1号、（2016）闽05民破2号、（2015）泉民破字第1号等12宗案件在民事裁定书中陈述了支持重整计划草案的理由之一是"普通债权的清偿比例不低于清算的清偿比率"。

十二、小结

通过60宗案件分析，可以发现，重整强制批准审查制度的理论及司法实践，尚不能建立在一种逻辑自洽的理论结构基础上。理由如下。

第一，重整强制批准审查并非建立在经济政策基础上的审查，倘若是，强制批准率不会仅为8.3%。

第二，它也并非是一种纯粹关涉债权人利益平衡的审查机制。从强制批准通过的5宗个案看，组别未获通过的为出资人组，占80%。这说明强制批准审查还关涉与非债权人的利益关系。强制批准审查并非是基于债权人讨价还价结果的审查机制。

第三，现有判例之间未能找到这种制度的本源理论，导致法官对审查权行使本源及应然认识不一。

比如，在有些民事裁定书中，论证支持重整计划草案仅以表决程序合法且符合法律规范的要求而一语带过；有些着墨较多；有些却只言不提。我们无法判断法官在此情形下所秉持的审查标准是什么，但是有一点可以确信的是，法官对审查标准的认定各不相同。

差异化的审查标准，不仅出现在法官之间，还出现在法官与管理人之间，甚至同一个案件的法官和管理人之间，也存在着重大的观点差别。以（2019）闽0503破2号案为例，管理人着重陈述了出资人权益调整的必要性，并作出了出资人权益调整的安排事项，但是同案法官却认为管理人的安排并未涉及出资人权益调整,不需要设立出资人组。

有必要回归到行为的本源上,而不是建立在现有条文规范上进行论证。重整强制批准审查是对重整行为的一种司法审查,因而其审查尺度,必然建立在对重整行为深刻理解的基础上。重整行为实际上是重整信托人根据重整债务人利益所为的行为,因而重整信托行为的理论源泉,就是强制批准审查的理论源泉。

以政策导向为理论基础的传统主义破产重整理论和维护债权人利益平衡的债权人讨价还价理论并不能为重整信托行为的正当性提供理论依据。笔者发现,在破产重整状态中,债务人仍然维持着生产要素的有机结合,其破产重整的行为,仍然是以企业的持续经营为目的导向,仍然维持着一个常态经营企业的基础特征。这就意味着,关于企业及其要素结合体的理论,仍然是破产重整状态中企业的支撑理论,由此理论引导出的重整状态中的信托行为及信托行为的正当性,乃是司法审查所应分析的关键要素。

信托行为的分类注定了重整强制批准的司法审查不可能是一成不变或"一刀切"的,首先需要对破产重整中的管理人(信托人)事务行为分类,才可以为法官的司法行为提供审查尺度。刚性的信托决定,需要在充分调查的基础上,对事实证据予以判断。法官对刚性信托决定的审查,必然建立在对事实证据审查的基础上。对存在商业判断的自由裁量空间的信托行为,法官的审查需要考虑该行为是否具有公平、公正性,并是否秉持善意、符合平衡适合的尺度。

二分法的信托行为,贯穿于破产重整程序的全过程,并最终形成了破产重整计划草案。法官对破产重整计划草案的强制批准裁定,也必然建立在二分法的审查基础上。《企业破产法》所要求的法官审查原则,如绝对优先权原则、最少组别接受原则、地板清算规则等,需要在一个二分法的框架内被串联起来,形成一个有机的司法审查体系。

第二章

理论源起：
团队生产理论及中国语境解读

一、公司危局及传统主义破产理论

现代公司治理制度构建于代理理论基础上。秉持着所有权与经营权分离的假设，作为公司所有者的股东委托受托人以公司董事、高管等身份从事生产经营并作出决策，受托人根据委托人的意愿行使代理权，这意味着董事、高管、雇员有机会实施自利行为，从而造成股东和利益相关者的损失。由代理问题所引发的成本损失，被称为代理成本。代理成本理论认为，公司治理最重要的问题乃是管理者（代理人）和股东（被代理人）之间的利益冲突。为减少代理成本，公司组织体会设立某种监督与平衡系统，即公司治理机制。经由公司治理机制来阻止自利行为，要视潜在代理成本的大小、治理机制降低代理成本的能力和治理机制的执行成本而定。

一旦公司治理机制成本高、失效及代理成本高，公司将陷入财务状况恶化的状态，出现现金流不足以支付短期应付账款甚至资不抵债的现象，导致公司主动申请或公司债权人等向法院申请进入破产程序。

一旦公司陷入僵局或财务困境，着眼于程序的表象，从服务于公司破产的各项政策入手，便出现了传统主义破产理论，即破产重整是出于宏观经济政策的目的，要求对存量资源优化所进行的一种损失分担机制。

传统主义破产理论，与其说是一种理论，不如说是对各种破产政策的解读。这种传统主义破产理论的假设答案是，破产的损失应由债权人和股东共同承担，因此，传统主义破产理论是一种损失分担机制。这种观点摒弃了代理及合同理论，是一种非契约性的工具产物，着眼于快速推进破产程序的完结，实现破产资产的处置，把破产后的经济效率放在第一位。

虽然着眼于损失的分担，但是传统主义破产理论并无法解释债权人、股东分担损失的原因，以及如何在可预见的范畴内确认各利益相关主体应分担损失的计算方法，因而不具有普遍适用性，只有个案代表性。从本书所引用的 60 宗案件中，可以看出，破产重整的司法审查并非是一种政策性工具导向的结果。倘若是政策性工具导向的结果，那么司法强制批准便会成为重整的常态，而不仅仅占 8.3% 的比率。

为给破产重整寻找一种替代理论，杰克逊教授在 1982 年提出，破产程序的价值核心并非是一种政策的工具，它为债权人提供了集体议决机制。在这一发现的基础上，并结合契约理论，杰克逊教授发展了新的破产重整理论——债权人讨价还价理论。

二、债权人讨价还价理论

基于集体议决的程序特点，杰克逊教授提出："破产应被视为是一个旨在设立反映债权人之间的预期而形成的系列协议。通过破产程序，目的是使陷入财务恶化的公司恢复到从前的状态。"

为此，杰克逊教授推定破产程序中的集体议决是一项法律强加于债权人的程序，债权人无权自主选择这套程序。他认为，即使是一项强制性议决程序，债权人假定的讨价还价的条件将是具有效率的，因为这些条件是债权人与破产财产所有者之间不受约束地进行讨价还价的结果。因此，债权人讨价还价理论，如同我们后续所要讨论的团队生产理论，都属于合同理论。这是债权人讨价还价理论作为合同理论，与作为政府政策工具的传统主义破产理论的最大区别。

在与道格拉斯·贝尔德教授的后续合著中，杰克逊教授继续发展了债权人讨价还价理论，其理论有以下两个关键性假设。

（一）谈判的权能导源于合同法等非破产法

债权人讨价还价理论认为，债权人的谈判权能，导源于非破产法，也就是合同法，这是一种法定权利，并非由破产法特别赋予。关于这点，杰克逊教授并没有进行太多论证，而仅是将假设作为适用债权人讨价还价理论的第一个前提。由该假设出发，杰克逊教授提出，破产谈判作为债权人集体议决的工具和权利，并非由破产法予以创设；相反，破产法只是采取了必要的行动，以确保非破产法外的合同谈判权利尽可能得以维护。

在与道格拉斯·贝尔德教授合作的论文中，杰克逊教授继续发展了这一理论假设。破产法只有在保持利益相关者共同资产价值之余，才可以实质性地改变非破产权利。言下之意，破产法只有在增益了传统法律所保护的价值的部分，才具有适当改变传统法律权利的空间。

杰克逊教授批评了破产法的滥用，特别是通过创设绝对优先权规则，从而对非破产权利秩序的破坏。他提出，破产法关于破产权利的发展，其实是试图对非破产法中的不良权利的一种改变或回应。这些优先权利的适用主体涵盖了员工、税务部门及其他主体。它们以牺牲优先等级债权人的利益为代价，扩展了普通债权人及股东的权利。最优先等级债权人，比如担保债权人，不仅可能失去了计算债务人违约责任的权利，还可能丧失了在破产案件中应计利息的部分权利。

一旦立法者试图通过制定破产法来弥补现有合同法等非破产法律制度的缺陷，那么非破产法及其权利秩序的演变就会放缓。在非破产法下处于明显不利地位的利益关系人，可以通过破产法程序来改变他们的不利地位。倘若没有破产法，员工在工资和福利等方面就没有优先于其他无担保债权人（普通债权人）的权利；但根据破产法，员工的工资和福利却是优先于其他无担保债权人得以偿还的。一旦利益相关者对破产法律制度逐渐适应后，即使是破产之外的商业行为，也将会被充分考虑到破产权利之中。将破产权利与非破产权利构成各自权利体系的组成部分，被持不同目的者分别援引适用，二者产生了累积效应。

债权人讨价还价理论认为，破产法应接受现存非破产法中的权利，极力维护既存非破产法的权利秩序，并通过拒绝破产法新增权利，来维护非破产法权利秩序的和谐。

然而，债权人讨价还价理论对非破产法中破产权利的缺失，以及非破产法未能及时有效修复这种缺失却无法予以回应。因此，秉持债权人讨价还价理论的学者，有时也会承认，破产规则可能比非破产规则要好一点。这造成了一种矛盾：债权人讨价还价理论源于对非破产法权利秩序的承认而拒绝破产法新增权利，但有时候又认为破产权利相对于非破产权利对当事人的保护更好一点。

（二）侧重于公司资产池的认识

债权人讨价还价理论的第二个关键性假设是：破产中的公司只是一项资产池，只有那些拥有资产合法权利的人才有权享受破产重整对公司资产池的分配利益。从这个角度来看，债权人讨价还价理论更侧重于破产中公司资产的物化考量，而破产中公司所存续的人与人的关系、人与物的关系，被有意忽视了。

现代公司法认为，股东、有担保债权人和无担保债权人都是公司资产的所有者，他们在不同的时间内对公司资产有不同的权利组合，他们有权在一种或另一种情况下调用公司的资产……一旦确定那些对公司资产拥有权利的人，就确定了所有者的资产池。

将公司资产的所有权归属于股东、有担保债权人和无担保债权人（虽然权利归属的时间阶段可能不同），杰克逊教授由此得出这样的结论：股东、有担保债权人和无担保债权人以外的利益相关者，在破产程序中并无需要被法官考虑的权利。这是一种狭隘主义的破产利益观，因为其考虑的可享受分配收益的破产秩序的利益相关者，并不包括经理、工人、供应商、客户、税务部门和生产团队其他成员。

考虑到大部分破产公司属于资不抵债，股东权益将无法保留，因此债权人讨价还价理论本质上是一种破产情形下，债权人将得到公司一切资产的行为理论。倘若公司持续经营有利于增益债权人,那么公司只有持续经营;倘公司持续经营,那么公司则应该以实现债权人利益最大化的目标从事经营活动,即使这样的经营活动,会给债权人以外的利益相关者造成损害。任何基于非债权人的利益相关者利益的考虑而作出的行为,在支持债权人讨价还价理论的学者看来,都会被认为是无效率的。

三、团队生产理论

债权人讨价还价理论关于破产利益分配主体的认识是狭隘的,有权接受分配之主体仅限于股东及债权人。玛格丽特·布莱尔和琳恩·斯托特教授扩展了破产利益分配的利益相关者主体,并为破产重整引入了"团队生产理论"。他们认为,所有对公司进行特定投资的利益相关者都有在破产重整的集体诉讼中被关怀的权利。这些利益相关者,和破产企业的股东及债权人一样,都属于公司生产团队中的成员。

团队生产理论是一种构建于合同基础上的制度经济学理论,认为不同群体间的交易关系组成了一个公司组织体。该理论的假设是:公司组织体作为团队,授权公司董事会或受托人以最终的权限,来决定公司的发展方向,并对公司生产产生之租金及盈余在团队成员之间分配。因此,相对于其他理论,团队生产理论具有几个方面的特征:第一,利益相关者,而不仅仅是出资人、债权人,构成了企业团队合约关系;第二,信托人的信托行为是团队协议赋权,形成了团队存续的基础行为;第三,信托行为的最终目的在于维持团队存续基础上实现租金和盈余在团队成员之间的分配。

团队成员包括所有决定向公司进行特定投资但无法通过直接签约、信托或担保等投资的利益相关者。团队成员可能包括股东、债权人、高管、其他员工、供应商、客户、监管机构等,生产团队成员分享团队生产带来的租金和盈余。

（一）成员最低期待利益与利益分配

在日常的商业环境下组织生产，其中的投入难以监控，且未来收益具有不确定性，因此，根据各团队成员的贡献并准确地分配生产收益的明示合同是不可能被起草的。倘若团队各成员同意平等地分配团队生产的所有收益，那么这种收益分配规则一定会使各成员推卸团队责任，形成偷懒的动机，因为各团队成员会从推卸责任中带来收益；倘若团队成员决定根据职务等级分配收益，则他们可能会屈从于权力。推卸责任的动机和权力的存在会减少甚至破坏团队生产的总体收益。

在阿尔奇安和德姆塞茨教授看来，团队的总体收益（也就是租金和盈余）应该交付给监督者，这些监督者同时又是团队的信托者，也就是公司董事会。团队成员期望董事会根据各成员对团队的贡献，将租金及盈余进行分配，或者授予团队成员期权，以激励团队成员为团队取得更好的业绩。

各团队成员从团队获得的收益并不完全取决于董事会，他们与公司缔结团队合约时，合约中已经有了保证成员最低收益的允诺。对公司的高层管理人员来说，可能是最低工资、保本的收益、遣散费和其他福利待遇；对公司的债权人来说，可能包含了规定的利息、本金，或特定情况下撤回投资的权利；对公司的客户来说，可能包含了产品质量的保证及具有法律约束力的保修承诺。

然而，各个成员的最低收益期待，并不妨碍他们要求获得更多的收益。假如公司作为团队运营成功超乎了每个成员的期待值，那么团队成员由此可以获得更多收益，这些收益可能系以年终一次性奖金、免费旅游等福利形式体现。同时，对于公司的债权人而言，他们获得了作为最低期待利益的本金和利息，还收获了下一次合同信用条件更好的借贷合同，使他们的投融资活动更加有效率地进行；对于员工而言，这些额外的收益可能是期权、奖金、福利，也可能是在他们生病的时候，可以持续性地得到公司团队的关怀；对于客户而言，这些超预期收益可能是获得了他们难以想象的产品质量，或者更具效率的产品科技性能。

团队成员通常都明白，这些最低预期外的额外收益不可能以明示合同的方式体现出来。对于债权人来说，倘若公司没有再次与他们订立借款合约，他们并不能由此诉诸诉讼。随着公司命运和环境的变化，这些额外收益是无法得到有效保障的。问题是，这些超过期待的收益，在团队成员看来，并不是一种礼物或恩惠，他们仍然认为这是其应得的一种权利。

团队成员之所以选择信任董事会或公司的受托人，部分原因在于他们无法相互信任。董事会成员不能将其自身利益置于与公司利益相冲突的状态之中，因为根据团队生产合同，他们不是公司剩余价值的诉求者。一言以蔽之，董事可以从公司中获取收益，但不能窃取公司利益。这是信托义务履行的基本要求，它被演化成注意义务、坦诚义务和忠诚义务。

就个体而言，团队成员当然可以与公司重新谈判各自的合同，但即使团队成员对公司作出了卓著的贡献，团队成员也不能据而要求重新对团队生产合同展开谈判。

信任董事会的替代方案是转而信任其他团队成员。问题是，并没有任何一个团队成员，可以像董事会那样值得信赖。自私的动机给受托的团队成员与团队整体利益带来较大的冲突，这不仅会破坏租金和盈余的分配秩序，还会破坏公司商业行为的有效决策。在各成员动机的促使下，股东代表将可能采取低效且具风险的商业政策；债权人代表会采取低效且保守的方法；员工代表可能会以牺牲其他团队成员的利益来维持其工作，最终使公司的每个决定都是值得怀疑的。

因此，团队生产理论是班布里奇教授所说的董事至上理论。正如玛格丽特·布莱尔和琳恩·斯托特教授所说，董事们不受任何人的直接控制或监督，包括公司的股东。基于对董事作为受托人的信任，董事必须独立于团队成员，并在为公司作出决策时秉持商业判断规则和善意原则，也就是我们前述所提到的注意义务、坦诚义务和忠诚义务。

（二）董事至上与股东至上

团队生产理论中的董事至上理论，与目前在法律和经济学者中流行的股东至上理论相冲突。股东至上理论认为股东是公司的所有者，董事和高管仅是他们的代理人，是其利益的管理者。股东实用主义者支持股东至上理论，主要原因是股东选举了董事，被选举者就要为选举者的利益服务。

玛格丽特·布莱尔和琳恩·斯托特教授回应说，选举机制在公众型公司的作用是值得怀疑的。有时候股东故意放弃实质意义上的选举，来方便董事行使权利，减少掣肘，并吸引其他团队成员加入团队。弃权、废弃选举机制，从理论上讲，股东可以通过在市场上购买足够多的股票，进行董事选举从而控制公司。但是，"交错董事会"选举制度或"毒丸计划"的大量存在，使得对公众型公司股票收购来控制经营的效果大打折扣。因此，玛格丽特·布莱尔和琳恩·斯托特教授认为，敌意收购只有在最极端的情况下才会发生。

从形式上讲，董事会雇用和解雇公司首席执行官和其他高管。管理学理论认为，这种关系正好相反：首席执行官和高管控制了他们的董事会。团队生产理论基于可验证的假设，论证了董事通常主导了公司关系。正如玛格丽特·布莱尔和琳恩·斯托特教授所说，是董事会，而不是职业经理人，保留了控制大多数大公司重大决策的权力……有充分的理由相信这个假设是正确的。

玛格丽特·布莱尔和琳恩·斯托特教授认为团队生产理论既是一种实证性理论，又是一种规范性理论。作为实证性理论，团队生产理论通过实证验证了团队成员之间的相互谅解。作为规范性理论，团队生产理论被认为是组织体从资本市场募集资金的公众型公司最有效、最理想的理论基础。虽然无法直接验证，但玛格丽特·布莱尔和琳恩·斯托特教授声称，团队生产合同主导着公众型公司，因为这是在现有技术、法律和制度的多重约束下解决团队生产问题的最佳方案。

（三）中国商法语境解读

中国的公司治理注重平衡不同利益相关者的需求，体现了利益相关者中心的原则，这与美国的股东中心主义相区别。公司认为有责任提高员工福利，为社会主义经济繁荣作出贡献。为保障这样的利益相关者中心原则，中国的公司治理标准采用双层董事会结构，包括董事会和监事会，董事会允许有员工代表，监事会至少需要 1/3 的员工代表。董事会成员和高管不被允许担任监事会成员，且并没有审计委员会或薪酬委员会。

中国公司治理的利益相关者中心原则，符合团队生产理论的内涵。团队生产理论认为需要均衡公司、股东、债权人及其他利益相关者的合法权益，在促进公司收益的公平分配之余，保持公司作为整体团队的团结，并持续地维护公司的运营价值。

四、作为破产重整的团队生产理论

可以确认的是，将团队生产理论应用于破产重整制度，有利于解释传统主义破产理论和债权人讨价还价理论所无法回应的问题。传统主义破产理论的问题是破产分配会带来利益相关者利益的损害，但至于损害的原因则无法解释；债权人讨价还价理论的问题是为什么破产带来的损失可以转嫁给其他利益相关者而不是仅限于债权人内部。由此看来，团队生产理论带来两个假设：第一，破产重整不再被视为是政府或法院强加的一种经济管理举措；第二，破产重整所考虑的分配秩序，不应仅限于股东和债权人。

（一）破产重整拟制导入团队生产合同

团队生产理论能够在破产重整中继续得以解释，其根本原因在于，团队成员在达成契约时就已经将重整作为合同继续履行的假设前提。要保持持续经营价值，通常需要团队成员保留原有状态并在重整过程中继续生产。毫无疑问，团队的生产安排需要适当进行调整。考虑到团队成员无法进行有效协商，因为每个人都进行了专项性资产的投资，基于此，团队成员将调整过程委托给董事会或者类似于董事会职能的主体（破产法的具体信托人就是破产重整企业的管理人，管理人由法院选任）来决定。比如，在破产重整过程中，公司仍然持续经营，为此就需要向员工支付相应的工资以确保其留下并继续工作；在面临清算的可能情形下，员工所要求支付的工资则需要作相应调整。

团队成员与团队缔约时，已经拟制引入了一项默示条款，即成立时签订的团队生产合同允许在将来面对财务状况恶化的情况下诉诸破产重整程序。该默示拟制的原因在于团队生产在企业正常时有利于促进盈余分配，而在企业面临财务困境时可以使成员保持团结，进而保持企业的持续经营价值。

默示条款的拟制引入，可能会令秉持破产程序传统主义观念的学者感到突然，为此，笔者以资产证券化为例进行解释。资产证券化指以基础资产未来所产生的现金流为偿付基础，通过结构化设计进行信用增级，再由此发行资产以支持证券的过程。在典型的资产证券化交易中，债务人出售资产，然后签订继续使用这些资产的合同（类似于融资租赁中的售后回租合同交易关系）。通过复杂的安排，多方借款人和贷款人担保贷款的效果，其形式是所有权的绝对转让。几乎任何债务人所拥有的资产都可以出售、证券化或租赁回来。

资产证券化核心是破产隔离，这会使贷款人（也就是债权人）在借款人破产时无法获得保护，所以作为团队成员，它会拒绝企业的破产，而寻求重整，团队生产理论也会尊重这一选择。公司从事资产证券化交易，其目的是防止证券化的债权人以一己之力攫取全部资产价值，而核心业务的缺失将会使团队无法维系。

破产重整在团队生产合同中的拟制导入，带来一个问题，就是破产程序的提起是适用清算为一般原则、重整为例外原则，还是重整为一般原则、清算为例外原则？

团队生产理论认为，合约在缔约之初，就已经将永续经营作为合同的假设前提，即使出现了公司无法履行其对债权人的义务这种极端的现象（不具备足够现金流或资不抵债），永续经营的合同假设也保持不变，甚至其后续的每一份合同的作出都是建立在持续或永续经营假设的基础上。

破产清算建立在主体资格消灭和生产经营终止的基础上，这与团队生产理论中合约的假设前提相违背。只有在基础合同落空或者根本不能的情况下，破产清算才是矫正合同的方式。从这个角度看，默示条款的导入，实际上隐含着破产重整为一般选项，而破产清算为例外选项。

（二）团队成员权利与破产权利的协调

进入破产重整程序后，破产法并没有强制性地停止债务人的业务活动，债务人的生产经营团队在重整过程中保持不变，除了必要的信托主体的加入（比如管理人、债权人委员会），公司信托人仍适用商业判断规则为公司运营提供咨询、建议及决策，信托人在公司运营的相关事务中保持着一定的自由度。

破产重整期间，股东罢免原有董事会、管理人、债权人委员会等信托人的权力失效，对于资不抵债的公司的股东而言，破产重整程序的适用对其来说可能是一个终局游戏。在破产重整程序中，某些权能其优先等级高于债权人和股东可合法执行的权利。这个权能就是团队生产合同赋予团队成员的权利。

在破产重整程序中，信托人有追求公司共同利益的义务，信托人应该善意行使商业判断权，最大限度地提升公司的长期价值，而不是仅仅为股东、债权人的利益服务。因此，信托人在破产期间并不比破产前更容易受到股东或债权人的控制。

然而，公司的财务困境和破产确实降低了信托人的控制权。法院有权决定关闭业务或命令信托人将公司资产出售。实际上，破产法院很少对信托人提出异议。之所以如此，是因为信托人在重整、出售或关闭公司之前，一直处于法院的监督之下。

通过让信托人完全控制，同时限制债权人和股东的破产权利，团队生产合同实际上赋予了团队成员不可由法律强制执行的权利，这个权利优先于股东、债权人可合法执行的权利。

为什么这种团队生产权利优先于股东、债权人可合法执行的权利？这需要仔细审查债权人和股东在破产重整中的破产分配权，这些权利由破产法直接规定。比如《企业破产法》第八十七条规定，未通过重整计划草案的表决组拒绝再次表决或者再次表决仍未通过重整计划草案，在重整计划草案符合强制裁定条件的情况下，债务人或者管理人可以申请人民法院批准重整计划草案。即给予股东及债权人要求重整批准符合强制裁定要求的权利。

1. 强制裁定测试

《美国破产法》第一千一百二十九条规定，股东得到分配利益的强制裁定测试应表明，重整计划公平及公正对待每一类权益主体，尊重每一类别股份持有者权益，重整计划应规定每一类持有者获得或保留该等利益的价值。即股东有权确认其持股股份之价值，其股份价值相当于扣减债权人权利后剩余的所有未来收益的现值。

通过强制裁定测试，股东得到的分配利益仅是在支付了团队权利后剩余的价值。换言之，同其他支出（如破产费用）一样，团队利益对分配的请求权顺位高于股东的请求权顺位。这种顺位规则的合理性在于，尊重团队权利是有效率的，因为该权利经由团队生产合同形成并且是成员谈判的结果。

《美国破产法》第一千一百二十九条还规定，对于无担保债权人的分配，其所获取的现金价值应限于该索赔允许的范围内，否则低于其位阶的债权或权益持有人将不能获得或保留任何财产。实际上，该项强制裁定测试，检验了绝对优先权是否得到遵守。

《美国破产法》第一千一百二十九条规定了担保债权人在强制裁定测试方面拥有最强的权利。重整计划对担保债权人公平和公正的条件包括：关于一类有担保债权人的诉求，应至少对应权益持有人在抵押品中对剩余权益的价值。这项规定使担保债权人有权获得其抵押品的价值，但是在重整的背景下进行估值时，抵押品的价值也将参照计算的收益来确定。

举例说明，假设债务人欠担保债权人 100 元，在清算程序中，营业资产抵押品价值为 65 元，倘重整决定持续经营且主营业务为社区服务类型的微利服务，则营业资产价值为 70 元；倘重整决定持续经营且主营业务为牟利型服务，则营业资产价值为 75 元。

破产重整的信托人希望持续经营且进行社区微利服务，信托人认为放弃牟利型服务的损失，可以由政府税收的减免、帮助修复街道等方式予以弥补，故选择重整捆绑微利的社区服务。

在强裁测试中，重整企业营业资产应该如何评估？担保债权人有权获得相当于公司营业资产（担保的）价值的分配。虽然该抵押品价值在特定情况下可能被假定为 75 元，但具体应用却不会发生，因为信托人并没有选择牟利型服务。一般是要求"根据估价的目的和抵押品的拟议处置或使用"来确定营业资产抵押品的价值。在这里，建议的处置是一个社区服务的微利型营业资产。因此，该等营业资产用于强制裁定目的的价值为 70 元。

信托人有权利和义务履行公司对社会的义务。团队生产理论认为，让信托人自由履行对团队成员的法律不具约束力的义务，通过实施团队生产协议，允许一名团队成员在担保债权人的担保下自行使用团队的租金和盈余，从而最大限度地提高公司的价值。无可否认，社区服务营业资产是破产财产的唯一资产，这一特征不会使财产价值最大化。一项信托行为不能同时最大化公司的事前价值和破产财产的事后价值。换句话说，作为债务人持有资产的情形下的信托人有权承诺公司继续为社会服务。他们这样做的决定受到商业判断规则的保护。一旦他们这样做，如该营业资产的价值是70元，这是有担保债权人有权得到的价值。这并不违反担保债权人的合同，因为担保债权人在信托人援引破产程序时已经自愿选择适用破产重整程序。

2. 最佳利益测试

重整计划下的分配不仅必须满足强制裁定测试，还必须满足最佳利益测试。这一测试使债权人和股东有权根据该重整计划分得的价值不低于他们根据模拟破产清算所计算得到的价值。由于测试采用一种虚拟（假定）的清算模式，因此，在这种假定清算模式下不能为团队的生产提供相应费用。从表面上看，最佳利益测试将债权人和股东放在首位。

一些破产法学者认为，重整的持续经营价值和清算的价值相同，因为重整本身就是把企业出售以获取其持续经营价值，这和清算无差别。持有这种观点的人可能会得出结论，认为重整并不会带来超过清算的溢价，以供团队成员分配。因此，在重整中，并不需要考虑团队生产合同中的团队权利。

然而，事实并非如此。因为最佳利益测试并没有赋予债权人和股东根据模拟清算假设所应支付的全部价款。在假设清算中，支付各项费用后，他们才有权获得净收益。至少就上市公司而言，清算是一种分崩离析的结果，根本无法产生持续经营的价值。重整的持续经营价值必然比清算高，且在满足债权人和股东地板清算规则的价值之外，尚有份额可供团队权利清偿。

整体运营资产的出售事项，也有机会被认可为是一项重整事项（实践中

第二章
理论源起：团队生产理论及中国语境解读

称之为出售式重整）。最大利益测试所设想的清算是封闭企业资产的零敲碎打。债权人和股东在最佳利益测试下有权享有的清算价值远远低于重组价值。这样的清算值确实对团队生产权利得以分配的金额进行了理论限制，然而这些限制在确定实际分配的决定时很少被提及。

破产中的团队生产权利并不违背对债权人和股东法律权利和合同权利的充分承认。这一论点使信托人能够履行团队生产合同，但并没有告诉他们在涉及履行方面应该做什么。

与此分析相一致，立法者及法院没有确定对清算价值作出过度关注，而是将这一判断留给了信托人和利益相关者。如美国国会在1978年美国破产法改革法案中阐明：

> 该法案没有对该计划实施严格的财务规则，各方自行谈判公平解决。债权人是否有权获得业务的持续经营价值或清算价值的问题是无法予以回应的，认为该法案可以甚至应该尝试回答这个问题是不现实的，相反，在充分披露后（重要的是要充分披露），各方之间的谈判将决定重组公司持续经营的价值如何分配给债权人和股东。该法案只对结果设定了外部限制：它必须介于永续经营价值和清算价值之间。

团队生产合同的一个目标是允许债务人在破产时继续经营。从效率的角度来看，如果持续经营给团队成员带来的总收益超过清算给团队成员的总收益，债务人应继续经营。换句话说，重整应发生在整体上有利于团队成员的情况下。由于公司的决定会影响一些非团队成员，这一标准将允许公司使一些成本外部化，但金额远远低于债权人讨价还价理论所允许的金额。

团队生产合同的第二个目标是分配。每个团队成员都授权信托人履行公司对其他团队的成员的承诺，以促使他们加入团队。如有必要，公司应利用破产减少对债权人和股东的形式（法定）义务，以充分履行这些承诺。在寻求减少债务时，公司成为债权人和股东在正式债权方面的"对手"。

85

五、两种理论的比较分析

道格拉斯·贝尔德和杰克逊教授认为,债权人讨价还价理论既是一种实证性的理论,又是一种规范性的理论。然而,琳恩·劳帕齐教授认为,团队生产理论在实证性和规范性方面的说明力更强。团队生产理论可以更好地说明现有的破产重整机制,并且这些机制实际上是团队成员缔约之初所作出的选择,可以更好地描述破产重整应采用什么样的行为方式。

(一)破产重整应服务于何人利益

债权人讨价还价理论和传统主义破产理论分野的争论焦点在于破产重整该为谁的利益服务。

伊丽莎白·沃伦教授认为破产重整应为众多受影响主体的利益服务,而不仅仅是债权人。她指出,破产政策应考虑到业务失败、企业倒闭对不是债权人且对企业资产没有正式合法诉求权利的当事方的分配影响。比如,业务关闭将对失去工作的员工、失去客户的供应商、失去有益邻居的社区产生消极的影响,虽然他们的利益很难现实地折算成金钱价值,但是这种损失是客观存在的。

伊丽莎白·沃伦教授承认破产法通过保护债务人和企业免受债权人的伤害,间接地保护没有正式合法权利的当事方的利益。然而,破产是自主决定的、故意的再分配,这与团队生产理论不一致。另一些学者认为破产是为广泛的利益服务。娜塔莉·马汀教授主张直接承认拥有非经济权利的人的利益,凯伦·格劳斯教授认为关于社区利益方面也应该这样做。然而,两者都未能充分解释破产法院如何权衡这些利益,或权衡债权人和股东的利益。

团队生产理论对此提供了良好的实证解释工具，它能够说明增加无权利诉求对象作为破产重整考虑因素的原因。

根据团队生产理论，破产公司应履行对所有应公司要约对公司进行特定投资的人的保护义务。这一理由可能延伸到伊丽莎白·沃伦教授提到的任何人员。

债权人讨价还价理论承认，让公司持续经营的想法似乎是一种独立的政策。然而，他们也认为破产的存在完全是为了实现债权人和股东的利益。根据这种狭隘的利益观，债权人讨价还价理论寻求最大化特定资产池的重整事后价值，而不是作为整体营业资产事前的公司，或者在重整后公司持续经营带来的社会价值。因此，从实证性及规范性的角度看，债权人讨价还价理论所设定的破产重整目标过于狭隘。

（二）作为实证、规范性理论的比较

同债权人讨价还价理论一样，破产法法律文本仅就债权人和股东分配权作出规定。如果仅从这个角度来看，破产重整阶段信托人只能是债权人及股东的受托者。事实上，不管是法院选任管理人模式，还是债务人委员会自行管理模式（DIP），或者继续由债务人董事会经营管理模式（《美国破产法》第11章允许该模式并广泛应用），他们均不会明确表达其代表何人利益从事破产重整行为。

以法院选任的管理人为例。管理人在逻辑上并不等同于股东、债权人利益，他们没有经过股东代表、债权人代表的选举机制产生。问题是，既然破产只服务于股东、债权人利益，那么为什么会由一个不是股东也不是债权人选任出来的主体控制破产重整状态中的公司？

与债权人讨价还价理论不一样，《企业破产法》在某些情况下承认债权人和股东以外的人可能是利益方，必须考虑其利益。《企业破产法》第六条规定，人民法院审理破产案件，应当依法保障企业职工的合法权益……显

然，这里的企业职工的合法权益，并非作为债权人的企业职工的债权权益。

法律文本与债权人讨价还价理论的主要矛盾在于，在重整过程中，非债权人选任的信托人可以控制公司，信托人在破产重整中需要考虑其他利益方合法权益。法律文本无法明晰的情况下，团队生产理论提供了有效的实证法解释工具。企业破产重整的目的是改善重整企业的财务状况，使其能够继续经营，为员工提供工作，支付债权，并为其股东产生回报……重整比清算更经济、高效，因为它保留了工作机会和营业资产。重整的根本目的是防止债务人进入清算阶段，防范随之而来的失业和经济资源损耗。对重整的偏好并不表明重整为公司股东及债权人产生了相对价值，而是因为持续营业本身就是团队生产所要求的价值内涵，团队生产理论为破产重整价值的实现提供了合理的解释依据，然而债权人讨价还价理论却没有与之呼应。

团队生产理论的良好运行建立于信托人服务所有团队成员利益的假设基础上。由此，团队生产理论将所有团队成员在破产重整中的利益体现为将公司资源进行配置，并且经济、高效。

破产时签订合同的团队成员可能会选择不同的部署。他们将致力于公司的未来，而不是换取公司过去利益的分配。给予事前的资源配置，团队效益的实现就有了基础保障。这也是团队生产理论为什么在规范性方面优于债权人讨价还价理论的原因，因为团队生产理论并不仅着眼于破产重整状态中资产池价值的实现，还着眼于公司营业资产事前配置的效率。

在涉及最小化公司成本的外部化方面，团队生产理论较之债权人讨价还价理论更具规范化。伊丽莎白·沃伦教授就曾批评债权人讨价还价理论促进成本无序外部化。她指出，创建公司所产生的许多社会成本由员工、社区、供应商、客户和其他人承担，当公司倒闭时，那些当事人只剩下了费用。其效果是给债权人创造了一种低效的激励机制，促使其迅速终止一家公司，并转而投资下一家公司。伊丽莎白·沃伦教授的观点是，团队生产理论增加了确定公司应该内部化哪些成本的标准：任何合理依赖团队生产安排的人所承担的成本。

（三）重整计划的谈判

债权人讨价还价理论认为债权人和股东是公司资产的唯一主体，因此，是唯一在重组中应考虑其利益的所有者。根据这一假设，人们期望债权人和股东引领重整计划的谈判。但事实是，不管是管理人模式、DIP模式还是延续原有董事会模式，信托人除了向债权人和股东提供信息外，债权人及股东在重整计划草案的起草过程中并没有起到任何作用。

事实上，信托人在计划谈判中起着核心作用。《企业破产法》第七十九条规定，债务人或者管理人应当自人民法院裁定债务人重整之日起六个月内，同时向人民法院和债权人会议提交重整计划草案。值得说明的是，这里的债务人并非是全体债务人，而是在债务人自行管理模式下的债务人委员会，他们与法院选任的管理人一样，都是破产重整企业的信托人。信托人通过专业人士草拟一些专业意见，《企业破产法》赋予信托人提出拟议重整计划草案的专属权利，在这些情况下，债权人和股东都不能单独提交重整计划草案。信托者与债权人和股东代表谈判该计划。

谈判及集体议决过程中，不同的主体代表着不同的利益倾向。信托人作为生产团队的代表，倾向于将资源应用于改善业务运营，支持重整计划（是由他们提出来的）。而高一等级债权人（更具优先权）在支付债权方面的倾向性更强，他们倾向于清算。

一般性的普通债权人和投机性的普通债权人关乎重整的心态不同。投机性的普通债权人往往通过不良债权的交易成为重整企业的普通债权人，他们并不是团队生产中的最初成员，也不会关注重整带来的持续经营价值。他们的目的在于通过不良债权套现获得迅速的现金回报。因此，米勒教授曾断言，不良债权交易可能会牺牲债务人的长期生存能力，以实现其投资的实质性和快速回报。

债权人讨价还价理论认为，一个提供不了全额付款的计划不能仓促通过，因为任何不满的类别都可以予以否决。债权人讨价还价理论在投机性不良债权转让事项方面的法律表现是苍白的。相比之下，团队生产理论会意识到团队的利益是岌岌可危的。在此，债权人讨价还价理论会质问集体议决、重整计划的草拟到底是为谁的利益？团队生产理论则解释是为了团队全体成员利益。

（四）重整是否高效

团队生产理论可以证明重整是正当的，即便出售比重整能获得更多盈余也不应当否认重整的价值。团队生产理论提供了两方面的解释。

第一，为了提供一个团队能够相互团结并依靠信托人予以协调的环境，破产法律必须保护团队的期望；如果企业因破产而被零星拆解，那么这些期望可能会受到挫败——就像他们处于非破产恶意收购的背景下一样。

第二，通常计算得出的公司"重整价值"仅包括了对股东和债权人的分配，它忽略了团队利益中应分配给如经理、职工、供应商、客户和所在社区的部分。将公司出售给买方，而买方可以拖欠团队权益，这样实质上是减少了而不是增加了社会财富。

六、破产重整中的信义义务

重整程序往往耗资巨大，周期长，且呈个案性特征。那么在重整状态下，无论是管理人模式，还是《企业破产法》第七十三条、第七十四条所指的管理人监督下的债务人自行管理模式，管理人及债务人的高层管理人员承担着对债权人及利益相关者整体负担信义义务的受托人的角色。重整的目标是拯救危局企业，使其获得超过清算价值的运营溢价。

因此，《企业破产法》给予了两种模式的信托义务：一种是管理人负责债务人财产和经营管理下的信托义务；另一种是管理人监督下债务人自行管理的信托义务。在破产重整中利益相关者整体协调下的信托义务有必要加以明确，使信托人的经营行为符合重整的目标。

作为团队生产理论，重整目标的实现，一方面，需要致力于公司的可持续经营，而不是着眼于公司现有资产池的配置；另一方面，需要最小化公司成本的外部化，而不是无序外部化破产费用。为此，《企业破产法》第二十七条规定的管理人应当勤勉尽责，忠实执行职务，以及在管理人监督下债务人自行管理下的义务，被统称为信义义务，其目标旨在实现公司未来可持续经营的重整溢价，并将破产重整引发的费用控制在内部而不是将之无序外部化。

（一）对谁承担信义义务

信托人的信义义务，最基本的是注意义务，要求信托人是一个善良管理人，也就是要求他要勤勉尽责，像对待自己事务一样行使职责。

信托人还负有忠实义务。在执行职务期间，要求破产管理人忠诚老实，不弄虚作假，不欺诈，不得利用自己的地位为债权人或者债务人一方谋取私利，也不得为自己谋取私利。

那么，信托人的信义义务，到底是对谁负担的？

团队生产理论认为传统公司治理理论将公司的剩余所有权归属于公司的股东。作为最后分配的主体，股东为了保障其利益，就有监督公司管理层的动机，管理层违背信托义务、自利的行为越少，股东所获取的收益就越多。故而，让公司的所有者——股东作为公司的剩余价值诉求者，从而由其控制公司，是传统公司治理的最优方案。

但是，如果这样的理论假设遇到了股东权益比例分散的难题，或者虽然股东权益集中，但控股股东无心于公司事业（往往是继承型公司股东），就可能出现控制权缺位的问题。为补足这方面的缺点，代理理论开始兴盛。在代理理论内，公司的管理层是公司剩余价值诉求者的代理人，代理人需要为公司的最大化利益行事，并降低代理成本。

不管是控制权理论还是代理理论，它们建立在一种既定假设基础上：股东是公司剩余价值诉求者，公司治理需要最大化地满足公司剩余价值者的诉求。

处于破产重整状态中的公司，就破坏了这种既定假设——公司剩余价值诉求者到底是谁？有可能是公司股东，也有可能是普通债权人，甚至有可能是优先级债权人。

破坏这种假设状态的原因在于，破产重整状态中的公司，一旦重整价值无法确定，股东、劣后级债权人抑或优先级债权人，都有可能成为最后的利益诉求者。也就是说，重整状态中的公司，剩余价值诉求者有可能并非是单一的。复杂的重整价值确认过程，加剧了这种评价的不确定性。基于评价的不确定问题，道格拉斯·贝尔德和杰克逊教授认为公司破产重整的核心话题是解决剩余价值诉求的问题。

破产中，重整程序把债权人分优先和劣后级债权人，并确定了不同的清偿顺序。因此，谁才是具体的剩余价值诉求者，学者给出了不同意见。道格拉斯·贝尔德和拉斯姆森教授认为优先级债权人是剩余价值诉求者，因为劣后级债权人及原有股东往往会出局。然而，另有学者提出了不同的意见，比如斯基尔认为，如果优先级债权人得到全额分配，那么他一定不属于剩余价值诉求者，而是最后得到分配的主体才是，需要在动态的过程中分析，才可以得出最终结论。

问题在于，不管是道格拉斯教授，还是斯基尔，他们的分析都忽略了一个细节，就是即使是最后顺位的分配者，也就是股东，在破产重整公司资不抵债的情况下，他们也不是完全出局的。

这存在两种可能，一种是破产重整公司的股东，就像重整投资人一样，参与了破产重整公司的投资，那么他们就存在投资后的价值诉求（比如学说理论里经常提到的新价值例外）；一种是重整计划草案设定了原有股东权益比例不受调整，但需要在运营获利后使债权人能有序清偿的状态下，才可以恢复完全股东。

或者说，即使重整价值的确定连劣后级债权人都无法完全满足清偿的情况下，公司的原有股东也不是完全处于出局状态的。琳恩·劳帕齐教授则是站在另一角度理解这个问题的，他提出公司债权人是破产重整状态中的剩余价值所有者建立在两个假设前提下:(1)公司重整价值是确定的;(2)能够锁定剩余价值诉求者的身份。但是，这两个假设是不能被满足的。

这就引出了破产重整状态中信义义务的受益对象（委托人）的矛盾问题。在公司破产重整过程中，信托人的同一个决策，可能同时影响多个主体，如劣后级债权人和原有股东的利益。我们不能期待在重整过程中劣后级债权人和股东处于同一利益层面，更多的时候，他们之间是相互矛盾的。比如，优先级债权人在诉求方面相对比较固定，要么全额清偿，要么未能全额清偿的部分转化为普通债权，其就有动机加速清偿的进度，从而反对重整事业的推进；劣后级债权人或股东的诉求往往处于不确定状态，一旦公司破产清算，可能导致其利益清零，他们就有动机促使公司加大和解、重整，以便融得更多资金，以公司后续的经营收益保障其不确定诉求的最终实现。

但是破产重整原有股东的利益也不见得一定和公司的整体利益良好地契合在一起。从理论上讲，公司原有股东只有在公司经营良好后才可以获得确定性的剩余价值分配权，但是如果公司原有股东与信托人合谋，通过红利、关联交易的方式转移公司财富，那么即使原有股东未获得剩余价值分配权，也可以通过控制公司获得利益，这些利益的取得，最终损害了债权人的利益。

在这样的状态下，债权人更关心重整计划草案中，信托人是否设定了如下目标并予以严格执行：（1）保护好公司财产并防止公司财产不当流失、贬损；（2）限制股东的分红权利；（3）限制公司新的负债；（4）否定关联担保或关联借贷；（5）主营业务的维持；（6）限制公司的并购等资本行为。

事实上，如果要维持上述目标，通过合同行为是难以控制的，因为合同的相对性使得债权人在重整中或重整后的公司运营中是无控制权角色。通常的情况下，债权人系以特定担保物或特定业务与破产重整公司联系在一起，其对破产重整公司的认识仅限于特定担保物或特定业务，比如，债权人对破产重整公司的整体营业状态认识不充分，会使他们在行使控制权时无从下手。

如果从整体营业角度讲，破产重整的原有股东虽然对公司败局承担一定责任，但原有股东在重整后可持续经营，恢复其原有权益——即剩余价值诉求，使得原有股东有动机在可能控制公司的情形下注重公司整体营业事务的发展，从这个角度看，原有股东对破产重整公司享有一定控制权，是无可厚非的。

基于团队生产理论，破产重整公司能保持可持续发展以满足各利益相关者的诉求，这是团队生产协议本源之意。在实现可持续发展之余，债权人和原有股东都有机会成为剩余价值诉求者，在诉求的驱动下，债权人和原有股东双重控制权的行使，便成为非正常状态下公司治理的特殊形态。因此，本书认为，信托人在双重控制和不确定剩余价值诉求的基础背景下，对债权人和原有股东双重主体承担了信托责任。

对双重主体承担信托责任，而不是对单一主体（债权人）承担信托责任，这样的责任范畴是合理的。因为这驱使信托人在行使信托义务的时候，能够更为全面地考虑各利益相关主体的可能利益，如果仅对原有股东承担信托义务，那么信托人对原有股东的忠诚度将会维持，一如正常状态下的公司治理。如果仅对债权人承担信托义务，那么信托人将会在处理重整事务时应债权人之需，倾向于快速处置公司资产以使债权人获得宝贵的时间成本，其结果便是公司的可持续经营将不复存在。

（二）信托义务与信托权限及目标

在破产重整状态中，破产重整公司的剩余所有权诉求者处于一种不确定的状态。然而，重整状态下公司仍需要继续进行营业事务，以吸纳潜在投资者，焕发新机。既然信托人需要负担重整事务的执行，那么就需要在剩余所有者不确定的状态下履行公司治理职责，承担信托义务，以使其信托行为符合重整的总体目标。

在公司治理的常态下，公司的管理层负担着信义义务，这是一种公司法上的法定义务。管理层有维护公司、股东利益的义务。信义义务被衍生为三种义务形态。（1）谨慎义务，即要求信托人慎重思考并作出适当的决定。法院是通过商业判断规则来观察信托人是否履行了谨慎义务的。（2）忠诚义务，主要涉及利益冲突问题。例如，信托人正在与公司进行一场交易，该场交易会使信托人获得可观的经济利益，那么忠诚义务则要求相关交易条款要保护股东利益而非信托人利益。再如，信托人在其任职期间发现了商业机遇，那么忠诚义务要求信托人在采取个人行动之前，先确认公司是否会利用这一机遇。（3）坦诚义务，要求信托人向股东披露所有与评估公司及管理相关的信息。信托人被要求在第一时间内向股东提供准确、及时的信息。

在常态公司治理中，信托义务因公司治理的主体特征而有一定差异。比如，美国奉行的是"股东中心主义"的治理结构，因此，信托人信托服务对象的第一顺位主体是公司股东，而机构投资者、客户和债权人、社区、员工则不是信托服务的对象。然而，在集体主义的公司治理结构中，比如团队生产理论所奉行的公司治理状态下，英国2006年公司法就允许董事在作出决策时考虑非股东利益，董事须诚信行事，将各方利益作为一个整体进行考虑，从而推动公司成功。

尽管破产重整中的公司治理处于非正常状态，但在团队生产理论学者看来，其价值目标是一致的，即将各方利益作为一个整体进行考虑，从而实现重整中公司的财产价值最大化。只不过，在不同的案例或法域背景下，信托的目标价值具体化描述各不相同。

在南非，《金报告》《金报告Ⅱ》和《金报告Ⅲ》都规定了信托者的治理标准。这些报告要求公司信托者确定所有的利益相关者，并制定公司为其利益服务的方法。公司要汇报财务、环境和社会绩效（三重底线），信托者需要将这三项绩效评估所取得的进展向利益相关者汇报。

我国《企业破产法》将信托模式分为两种情形，一种是法院指定管理人模式，另一种是管理人监督下债务人自行管理模式。

法院指定管理人模式为中国重整模式的常态。通过对60宗案件的解析，可以发现由债务人草拟重整计划草案提交给破产法院并通过的仅有7宗，因此，债务人自行管理模式（DIP模式）不仅不是福建省破产重整的常态模式，甚至属于个案模式。

通过这些案例分析，我们发现，在法院指定管理人模式下，以追求重整计划草案通过为目标，管理人以协调债权人同意重整计划草案作为工作重点，如（2019）闽0121破1号案，管理人曾先后4次召开债权人会议以协调重整计划草案的表决。在这种模式下，以满足重整计划草案通过为前提，管理人更多地站在债权人角度思考问题，甚至很多案例未设出资人组进行表决。在管理人监督下债务人自行管理模式中，债务人的管理层可能更倾向于原有大股东股东的利益。最典型的案例是创智信息科技股份有限公司（000787.SZ）重组案。

2011年3月1日，创智信息科技股份有限公司在管理层提议下推出了重整计划草案，其中出资人权益调整方案提到：所有出资人让渡股份共计为 111090713 股（原大股东出让 35%、其他中小股东出让所持股票 25%~30%），合计占公司总股份比例的 29.3%。创智信息科技股份有限公司管理层没能说服足够数量的中小股东，该重整计划草案在 2011 年 3 月 17 日召开的出资人组会议上，遭出资人否决。有意思的是，创智信息科技股份有限公司的债权人仅有 5 个（其中一个债权人为大股东的关联实体），难以绝对多数通过重整计划草案。后来，创智信息科技股份有限公司修正了重整计划草案，下调中小股东让渡股权比例，变为：公司出资人无偿让渡股份共计为 79323390 股，占总股本的 20.95%。公司出资人让渡的股权比例，由接近 30% 变为约 20%，比例大幅降低。

一个有趣的细节，在该重组计划草案前言部分，提到了上市公司（实质上应该是大股东和实控人）与管理人之间的分工和区别，特别提到管理人全力负责资产负债调查、重整计划草案由上市公司起草、管理人审查确定等。

2011 年 12 月 31 日，创智信息科技股份有限公司破产重整尚未执行完成，又再次公告了其资产重组计划，主要内容为：创智信息科技股份有限公司向交易对方（大股东）非公开发行股份以购买其持有的 ABC 公司 95.306% 股权，该股权以评估基准日 ABC 公司 100% 股权的评估结果 3044860045.69 元为基础，以此为定价基础，确认拟购买资产的价值为 2901945962.93 元。经上市公司和大股东确认，交易标的 ABC 公司 95.306% 股权的交易价格为 2901945962.93 元。此次非公开发行股份价格为 3.72 元/股（不低于暂停上市交易前 20 个交易日公司股票交易均价），新增股份数量为 780093000 股；大股东主要通过两个方式增持公司股票：一是创智信息科技股份有限公司向其非公开发行的股份；二是根据创智信息科技股份有限公司重整计划草案作为重组方有条件受让的股份。收购完成后，大股东将直接持有创智信息科技股份有限公司 72.11% 的股份。重组方案一出，激起了中小股东的强烈反对。2012 年 1 月 16 日下午，在创智信息科技股份有限公司临时股东大会上，除聘任会计师一项决议得以通过外，其余10项有关本次重组的议案，全部被否决。其中，绝大多数议案被半数以上反对票否决。

我们容易理解管理人模式下信托义务的内容。但是，如同创智信息科技股份有限公司案一样，在债务人自行管理模式下，债务人管理层信托义务所对应的权能内容是什么？《企业破产法》第七十三条规定的是在管理人监督下自行管理财产和营业事务，那么如同创智信息科技股份有限公司案一样，管理层有权提出重整计划草案吗？管理层有权协调出资人表决事项吗？也就是说，管理层的权能到底有多大？

在《美国破产法》第11章的债务人自行管理模式中，债务人管理层最主要的权利是提出商业计划和重整计划。债务人的管理层具有极大的商业自主决定权和一定时间内的重整计划专属提议权。美国破产法院倾向于给予管理层商业判断的自由。对于重整计划的提交权而言，尽管重整计划的通过是掌握在各个分组的债权人手中，但债务人拥有在重整案件开始后120日内提出重整计划的专属、排他的权利，并且这一权利行使的时限有可能得到法院的延长。这一权利赋予了管理层对制订计划的强大影响力，因为管理层可以推迟提出重整计划以拖延重整开始的时间，而拖延的成本最终会由债权人负担。管理层在制订定重整计划的协商环节中有着相对强势的地位，常常能影响重整计划的内容和形式，使其符合管理层的预期。

实际上，我国《企业破产法》在重整计划草案的提议权方面的规定与《美国破产法》第11章存在着一定的差异。根据《企业破产法》第七十九条的规定，债务人或者管理人应当自人民法院裁定债务人重整之日起6个月内，同时向人民法院和债权人会议提交重整计划草案。《企业破产法》第八十条规定，债务人自行管理财产和营业事务的，由债务人制作重整计划草案。管理人负责管理财产和营业事务的，由管理人制作重整计划草案。通过第七十九条及第八十条分析可知，我国《企业破产法》将重整计划草案区分为提交权和制作权，二者存在区别。实际上，提交权没有专属性，债务人或管理人均可行使提交权；制作权则根据重整模式区别对待，在管理人模式下（由管理人管理财产和营业事务的），制作权专属于管理人；在债务人自行管理模式下，制作权却专属于债务人。

在债务人自行管理模式下，债务人管理层作为信托人，其信托义务的价值目标取向无外乎有四个：（1）与债权人利益保持一致；（2）与股东，特别是大股东的利益保持一致；（3）最大化破产重整公司资产；（4）实现破产重整公司保值。

与债权人利益一致、与股东利益一致中所说的一致，指的是管理层站在债权人或股东某一方的立场上，在重整案件中运用其权利进行一定程度的判断，进而促进某一方的利益。最大化资产只寻求价值的最大化，如果清算资产是最好的选择，则会毫不犹豫地选择清算。这时，管理层对于处理重整计划中对价值进行分配的争议上，不发挥积极作用。公司保值类型中，管理层只致力于在现存结构下保存公司的营运价值，这一目标可以使多方受益，包括管理层自身可以保全工作，但实际上的受益方因案各异。

事实上，管理层并不持续一致地代表债权人或者股东们的利益，这里有其自身利益的考量，但是，更多的案例显示管理层会更加地倾向于代表大股东利益。管理层与一方利益一致的情况取决于偿付能力。具有偿付能力的公司中，管理层的利益更多地与股东们一致，而不是与债权人一致；而在无力偿还债务的公司中，管理层的利益与债权人一致的情况远多于与股东一致的情况。

那么，管理层究竟服务于谁的利益？基本结论是，在重整中，债务人管理层的倾向是多样的。但这并不意味着这种倾向是随机的。有两方面的重要发现：第一，股东利益更有可能要求管理层的忠诚，一般发生在有积极股东控制大份额股权的时候；第二，管理层的倾向取决于公司偿付功能，这一倾向也受到避免风险投资、避免大幅度偏离绝对优先规则的影响。

管理层如何运用其权能作出倾向性决策具有极大的不确定性，这就存在管理层并没有按照最大化公司价值去行动的可能。避免高风险投资的倾向有利于有担保债权人的利益，避免资产的快速清算则有利于无担保债权人的利益，这两者都不必然增加公司的价值。甚至有学者认为，最大化公司价值并非破产法的唯一目标，公司管理层也应该考虑保全员工的工作，维持已成立的本公司与其他公司之间的商业关系，以及增加社会福利。这是法经济学分析中社会财富最大化的目标，也是外部化成本的一种观念。具体到团队生产理论，利益相关者之前订立团队协议，目标在于公司持续经营获取价值，那么管理层信托义务应然以最大化公司持续运营价值为目标。

（三）监督权与信托义务

在涉及重整事务的监督方面，涉及三个主体的监督问题：(1) 法院；(2) 债权人会议及债权人委员会；(3) 债务人自行管理模式下的管理人。

1. 法院对破产重整事务信托人的监督问题

《企业破产法》第二十三条规定，管理人依照本法规定执行职务，向人民法院报告工作，并接受债权人会议和债权人委员会的监督。《企业破产法》第二十三条的义务主体是管理人，义务内容包括两个方面：其一是向法院报告工作的义务；其二是接受债权人会议和债权人委员会监督的义务。

报告工作，即管理人以书面或口头的方式向法院作工作陈述。至于法院接受报告的目的用意为何，在《企业破产法》中并没有深入讨论。可以假设法院接受报告后的用途：其一，通过工作报告被动式地对重整事务进行事实和证据审查；其二，通过工作报告发现管理人工作的疏忽，纠正管理人工作中的缺点。那么，法院接受管理人工作报告，是否是在行使监督权，或者说，对管理人是否正当性地履行信托义务，法院是否有监督权限？

通过60宗案件的民事裁定书分析，我们发现，在管理人提交的重整计划草案中，主动性地披露管理人工作的情况较多。（2019）闽0503破1号

第二章
理论源起：团队生产理论及中国语境解读

案的重整计划草案表明，"为保证重整成功，避免安盛船务破产清算，管理人在丰泽法院的监督和指导下……"；(2019)闽0503破2号案的重整计划草案亦明确"管理人在丰泽法院的监督和指导下"；在(2019)闽0921破1号重整计划草案以"高度重视"的字眼陈述了法院的监督权，"霞浦法院对金顶丰年公司重整高度重视，对重整相关事项严格把关和监督"。

事实上，我们一直秉持的观点是，在破产重整案件中，法官虽然居于裁判者位置，但他更应是一个观察者。作为观察者，并不能主动地调取经营信息，事实上也不现实。法官对信息的掌控，往往是诉讼的双方当事人在控辩过程中加以采集，并通过法律修养予以佐证判断。如果将法官置于监督者的角色，那么必然要求法官要有相应的商业判断经验，并经过主动调查程序采集信息。

简单言之，司法重整的监督目标在于确保信托人做信托应做之事，而不做不应做之事。

监督是倾向性极强的一种行为，预设了目标值。一旦法官介入了监督事务，那么法官在主观评判上提前介入了破产重整的预设目标，很有可能简单化地将破产重整公司价值最大化目标设定为通过管理人或债务人提交的重整计划草案，从而使法官在破产重整事务的裁判过程中失去中立性。

针对信托人履行信托行为，在符合刚性判断原则和商业自由裁量原则的大背景下，法官往往并不轻易否认信托人信托行为的法律效果。如果由法官介入监督，那么可能会改变信托人的商业判断规则。因为监督的内涵之一在于纠错、防止差错。这就可能形成一种结果，在债权人或其他利益相关者没有诉求的情况下，法官主动矫正管理人的某一行为，使得法官从中立者变为介入者，结果可能是重整计划草案是信托人根据法官的意志予以制定。

法官并不是破产重整中的利益相关者。事实上，利益相关者的监督才是最有效的监督。倘若如(2019)闽0503破1号案、(2019)闽0503破2

号案、（2019）闽0921破1号所述及，管理人在法官严格监督下行事，那么遭遇的问题就是监督者缺位问题。

2. 债权人会议和债权人委员会监督

《企业破产法》赋予了债权人会议和债权人委员会法定的监督权。债权人是破产重整中的最主要利益相关者，因而，债权人会议和债权人委员会行使对信托人的监督权，有其正当性。

债权人会议是由所有依法申报债权的债权人组成，以保障债权人共同利益为目的，为实现债权人的破产程序参与权，讨论决定有关破产事宜，表达债权人意志，协调债权人行为的破产议事机构。债权人会议是一个临时机构，召开的次数并不多。《企业破产法》仅对债权人会议的开会时间作出规定，《企业破产法》第八十四条规定，人民法院应当自收到重整计划草案之日起30日内召开债权人会议，对重整计划草案进行表决。第八十七条规定，部分表决组未通过重整计划草案的，债务人或者管理人可以同未通过重整计划草案的表决组协商。该表决组可以在协商后再表决一次。因此，通常而言，债权人会议召开的次数一般不会超过两次。在福建省2014至2021年2月的60宗破产重整案例里，仅就（2014）南民破字第1—33号案及（2019）闽0121破1号案的债权人会议开会次数超过2次，分别是3次和4次。

由临时性机构行使监督权，就存在其临时性的缺陷。实践中，债权人会议难以监督和制衡管理人。因为《企业破产法》并没有赋予债权人会议直接矫正管理人不当行为的权利。《企业破产法》第六十一条第二项规定，债权人会议可以申请人民法院更换管理人，审查管理人的费用和报酬。换言之，在债权人会议认为管理人违背了信义义务后，债权人会议并没有直接的权限更换管理人，更换管理人的决定权保留在法院。

另外，在许多破产重整案件中，管理人并非由法院直接指定，而是由清算组转化而来。比如在福建省2014年至2021年2月的60宗破产重整案例里，就有10宗案件采用指定清算组作为破产重整管理人的重整模式，总体占比16.7%。由于破产案件涉及的经济面较广，因此，相关主管部门会较为积极地介入，并参与其中的清算工作。以（2016）闽0502民破1号案为例，债务人陷入经营困境后，相关主管部门成立了债务人的清算组，并聘请了律师作为清算组法律顾问。后来，法院根据债务人的申请，裁定受理债务人进入重整程序，于同日指定债务人清算组担任管理人。也就是说，清算组很大部分是由相关主管部门工作人员成立，特别是涉及上市公司的破产重整案，因为在企业危局中，相关主管部门往往已经通过派遣临时工作小组的形式进行了事前干预。如果清算组被指定为管理人，那么债权人会议一是无法自行决定更换管理人，二是即使申请更换管理人，也很容易被驳回。

除了部分债权人外，大部分债权人实际上是被排除在重整事务之外的，比如重整计划草案的制定，他们缺少透明的信息，只能被动接受重整计划草案中对其债权削减的安排。

既然债权人会议并非是一种恒常机构，难以有效发挥监督功能，那么是否有必要设定一个常设机构，从而更好地监督信托人的行为？

遗憾的是，虽然《企业破产法》允许设立债权人委员会，但该机构亦不是一个常设性机构。《企业破产法》规定债权人委员会并非是一种必设机构，债权人会议可以决定设立债权人委员会。债权人委员会由债权人会议选任的债权人代表和一名债务人的职工代表或者工会代表组成。债权人委员会成员不得超过9人。债权人委员会成员应当经人民法院书面决定认可。事实上，在60宗案件中，并未有一宗设立债权人委员会。

同样，债权人委员会的监督权并没有直接矫正权，在管理人、债务人等有关人员违反信托义务拒绝接受监督时，债权人委员会需要向人民法院提出请求。总结而言，在由债权人会议或债权人委员会实行监督权的情况下，存在着监督者缺位的问题，这事实上使重整程序无法有效地行使监督权。

3. 管理人的监督权

管理人监督下债务人自行管理模式的核心话题是，债务人对其财产和营业事务管理的权限和管理人的权限之间的界限是什么？如果债务人在其权限内从事管理活动，那么管理人就享有监督权，如果债务人超越权限从事事务，那么就不仅存在管理人的监督权问题，而是债务人滥权行为。

在债务人权限范畴内的监督权，首先需要解决的问题是，管理人以何种身份、角色行使监督权。在创智信息科技股份有限公司的公告中，出现了一则有意思的信息，现摘录如下：

> 为保证重整成功，避免创智科技被破产清算，管理人在创智科技管理层的配合下依法认真履行职责，全力以赴做好资产调查和评估、债权登记和审查、信息披露及偿债能力分析和测算等与重整相关的各项工作。同时，根据法院对管理人与创智科技在重整程序中的职责划分，重整计划由创智科技起草，由管理人审查。因此，创智科技管理层及管理人与主要债权人和出资人进行了深入、细致地沟通，在尊重创智科技客观现实以及评估机构出局的专业评估结论和偿债能力分析意见的前提下，制作了创智科技重整计划。

由创智信息科技股份公司的上述公告可以获知：(1)《企业破产法》在债务人自行管理模式下，并没有严格区分债务人管理权限和管理人管理权限，而是交由法院实施职责划分；(2)管理人多被划分至程序性事务和价值测算事务，信托义务所对应的管理权限，多数被债务人控制。

为使管理人正确、正当行使监督权，管理人需要进行现场调查。管理人的监督权不仅在重整前，甚至包括重整后，即重整计划实施阶段。法院对债务人企业的重整裁定批准后，债务人于重整期间申请自行管理的，管理人可以调查债务人企业陷入困境的原因、重整的可行性以及债务人自身的经营管理能力。倘若认为债务人企业不具备条件，则管理人有权向法院建议裁定终止重整程序，继而转向清算程序，避免债权人利益的进一步损失。经审查认为债务人存有欺诈或其他严重的不当行为，管理人也可向法院建议不予裁定批准适用债务人自行管理的重整模式。在适用债务人自行管理的整个程序中，都需要对债务人的经营管理活动施以必要的检查，具有监督之责的破产管理人自然成为这一权利的行使主体。

设置重整调查权的目的主要是调查债务人经营情况，及时发现债务人有损于债权人利益的行为，并积极制定解决方案。这一职权配置主要是为保障债权人、公司雇员等多方主体的利益，这必然与债务人的自身利益存在一定的冲突，因此，不宜由债务人来行使。

（四）信托行为的二元分类

传统主义破产理论无法解释债权人、股东分担破产损失的理由及界限，该理论不具备应用上的普遍性。债权人讨价还价理论将破产重整中分配的权能源泉导源于非破产法秩序，其分配侧重于公司现有资产池，属于过去式的资产认识，无法解释为什么破产重整的成本分担外溢给债权人之外的主体，无法有效解释公司持续经营带来的资产溢价的分配理由，存在着重大的缺陷。团队生产理论的核心在于维持团队持续经营，由团队持续经营过程中信托行为加以决定租金和盈余在团队成员之间的分配，这个分配利益特别包括了团队成员最低预期外的、不能以明示合同的方式体现出来的额外收益。这个特征决定了团队中超过期待的收益，可以经由信托人的信托行为加以分配，有效填补了债权人讨价还价理论的解释空白。因此，信托人信托行为的合法性、正当性，是破产重整分配秩序维持及团队经营有效持续的关键。

信托人的信托行为需要在法定的空间范围内决定分配秩序。这个法定空间范围要求，应合乎法律规定的权利，信托人需要予以确认；倘不合乎法律规定的权利，信托人则不能予以确认。

超出最低期待利益分配的空间，属于团队生产协议中不可明文列示的协议事项，各团队成员可以享受重整溢价的分配利益。重整事项关乎超额溢价的获得及分配，属于重整信托人信托行为商业自由裁量的范畴。因此，对这类信托行为的审查，则构建在自由裁量行为是否公平、公正，是否合乎尺度。

信托人在重整中的信托行为被区分为刚性信托行为和自由裁量行为，使得法官在涉及重整事项中的强制批准审查制度具有清晰的标准。基于刚性信托行为，行为是否侵犯了受托人或权益人的合法权利，成为审查的尺度标准。基于自由裁量的信托行为，行为是否不正当地侵犯了受托人（团队生产理论中的利益相关者）权益，是否在合乎公平公正及平衡的原则内进行，就成为这类行为的审查尺度标准。基于行为二元分类及区别审查标准，破产重整法律秩序设定了一系列内在的原则予以配套考察，这类原则属于法官审查内容的深化和细化。

第三章

刚性信托：
以不确定概念为审查重点

团队生产理论中，信托人起到主导作用，以消除事前及事后盈余分配及剩余财产分配产生的争吵问题。因此，即使在破产重整过程中，信托人仍然对团队承担着信托义务。信托义务衍生出信托人在团队事务中的商业决定权。信托人的商业决定权分两类：一类是刚性的信托行为，意指符合事实要件的情况下，信托人必须作出某种行为，也就是说，该类信托行为中信托人并没有选择权；另一类是商业判断的自由裁量行为，信托人可以根据其商业经验选择从事一定尺度的商业行为。

前所言及，对最低预期分配利益，属法定秩序内团队成员法定权利范畴内的事项。信托人的信托行为需要在法定的空间范围内决定分配秩序。这个法定空间范围要求，合乎法律规定的权利，信托人需要予以确认；倘不合乎法律规定的权利，则信托人则不能给予。破产重整中充斥了许多这样的权利确认的场景，在这样的场景中，信托人只能作出给予或不给予的决定，而不具有自由裁量的空间，这就意味着关乎法定权利范畴内的事由，信托人的信托行为是一种刚性的行为。

刚性行为的确认及司法审查，属于法律规范内判断的事由，本不具备争议。但是，法律关于权利适用的空间中，存在一个"不确定概念"的问题，只有厘清不确定概念，才能正确适用权利。关乎不确定概念，破产重整行为中多有涉及，其中最为典型的是关于重整价值的确认问题。

团队生产理论是建立在企业永续经营的假设前提上，只有在团队生产理论基础合同落空或者根本不能的情况下，破产清算才是矫正团队生产理论基础合同的方式。因此，团队生产理论秉持破产重整为一般，破产清算为例外的原则。

团队生产理论基础合同落空意味着公司持续经营不能，或者公司持续经营的成本超过了清算成本。从这个角度来看，破产重整所带来的收益（意指重整价值）是否超过了破产清算价值，便成为走重整程序的正当理由。反过来看，如果破产企业不具有重整价值，也就是重整价值低于清算价值，那么公司就不适合走破产重整程序，而只能申请破产清算。对信托人来说，这是一种刚性的信托事项，其并没有选择权。

判断破产企业是否具备重整价值，需要均衡重整价值和清算价值之间的差额，而重整价值和清算价值属于多元因素影响的事项，是在对主观价值（心素）和客观价值（体素）判断基础上得以确认的。因而，不具备重整价值，并非一种确定的概念，属法律术语中的不确定概念。

一、不确定概念

不确定概念乃是法律概念的一种特殊类型，为那些"内容及范围大多为不确定的"，又或另一种说法是"不能对其内容作出明确的表述"，因为它是多义、不清晰、摸棱两可、多面性或空泛的。不确定概念在商业法领域是十分普遍的，这是因为法律有应对创新商业模式所带来的营商观念的改变，以及技术社会带来的商业生活上的变更，即有可塑性及适应性。

需要确认的是，在破产重整过程中，信托人对不具备重整价值的判断是一种受约束的活动，还是商业判断方面的自由裁量的活动？破产法官对信托人不具备重整价值的判断是否可予以司法审查？

（一）与商业判断规则中的自由裁量的区别

对比两种场景：(1) 公司管理规定一，"员工早上须佩戴公司徽章"；(2) 公司管理规定二，"无故缺勤者将受到工资惩处"。

不确定概念的确定，是与商业判断规则所给予信托人的自由裁量权，具有相似的形态，但二者存在本质区别。在不确定概念范畴内，须在规范本身所提供的线索辅助下，找到概念可能的意思，不能考虑信托人的意愿，而商业判断规则给予的自由裁量权力，则赋予信托人尺度、衡平的考虑，信托者具有选择的空间。比如上述公司管理规定一，信托者需要确认"早上"的区段,是8点(AM)到12点(AM)呢?还是9点(AM)到13点(PM)?这个问题受到各地区上班时间差异的影响。显然,信托人寻找公司"早上"规定的区间,受限于上班时间的约束,不能凭着主观意愿进行判断,而且判断出来的只能是一种"唯一"可能的意思。

由此观之,破产重整信托人在对"不具有重整价值"这种不确定概念的确认,是在法律规范本身所提供的线索辅助下,找到"唯一"答案,信托人没有自由裁量的空间,信托人的判断是被约束的,他必须找出什么是"不具有重整价值"。

在上述公司管理规定二中,被确认为"无故缺勤者",将受到"工资惩处"。那么,"工资惩处"并没有明确幅度空间,可以是100元、一天工资,甚至一个月工资。这涉及尺度的判断,信托人需要明白,惩处的工资额度是否会给受惩处的员工生活带来困难,是否会让员工遵守公司上班秩序。这是一种比例关系下的衡平,需要由信托人予以内心确信从而选择适用。

(二)特定场景下的自由裁量空间

对不确定概念的判断,属于一种约束行为,但不排除在一个例外情况中,"透过一个空泛及不确定的概念,赋予信托人一定程度的自由调查权"。更多时候,不确定概念的具体化包含着归纳活动,也就是其因语言的不确定而生,因此可透过逻辑推论而解决。因此,订立不确定概念的法律并不赋予信托人意思自主权。但是,另一些不确定概念的具体化,却需要信托人作出有价值取向的解释。

比如,A、B两家公司财务恶化的状况几乎一致,且主要营业资产均为相邻大厦。因为时间上的差异,两家公司在关于不具有重整价值的判断上的结论出现矛盾,这并非是不可接受的。信托人作出不具有重整价值的判断,概由于市场资金短缺、利率上升、溢价认购不踊跃等商业因素作出判断。比如,A公司重整期间处于货币量化宽松的环境下,十年期国债收益率低于1%；而B公司重整期间正处于货币收缩阶段，十年期国债收益率超过2%；在DCF估值模型下，两家公司相似性的营业资产的估值自然也就存在着重大区别。在此例中，信托人基于宽松货币环境与否、十年期国债收益率数据并综合DCF估值模型作出了有价值取向的判断。

该等有价值取向的判断，并不取决于信托人个人的价值取向，而是一个客观的价值取向。信托人需要在一个宏观的、重要的领域找出及确定既存的价值。比如上述案例，信托人需要在宽松货币环境、十年期长期国债利率等事实证据和可比数据的比较分析中得出市场踊跃度的判断，从而决定其价值判断。正如德国学者恩吉施所指出的，借以具体化这些须被填补的客观规范概念的单一决定，具有对这些概念作出解释的作用；同时，在具体情况中对价值的确定亦对归纳有某些相似性。

在另一些情况中，法律概念明显赋予信托人根据其商业经验作出价值判断的权限，而该判断并非确定的，而是限于通常商业判断的惯例内。

比如在上述公司管理规定二中，判断缺勤是否存在无故为受约束的内容。然而对无故的评估仅得由一名与事件有特别联系的特别人员作出，这即为自由裁量的内容。按照信托人所谋求的公司基本利益，可有不同的解决方法：影响公司上班良好秩序的未经批准的请假即属于无故，然而倘若未能影响公司上班良好秩序的未经批准的请假就不一定属于无故。

这类不确定概念，信托人依据其经验将自身认为是公正的价值定性为受约束的、公正的。基于此，在认知上存在数类含义。在众多选择中坚持个人立场，并坦诚地遵从个人指引，比寻找客观观点更好。

这个确定活动不必然地被认为是纯粹逻辑的归纳，从而认为存在一个已包含在规范中及仅得由适用者找出来的唯一法定解决办法：概念的主要核心之外，仅通过重建及创造的力量才可重新引导事实状况至抽象规范性前提条件，在此通常存在信托人的独立性（补充性）价值判断，类似于在众多选项中作出抉择（尽管是被引导的）。

基于上述的分析，不具有重整价值是一种不确定概念，需要破产重整的信托人予以确定。信托人在一般场景下对不具有重整价值的判断是一项受约束的活动，他没有商业判断的自由裁量空间。一旦否决了不具有重整价值的判断，信托人只能建议破产企业走破产重整路径，而不能寻找破产清算路径。

在例外的场景下，不具有重整价值作为不确定概念的具体化，需要信托人针对宏观性的认知进行判断，这就赋予了破产重整的信托人相对广泛的调查权，也就是说，信托人的调查权具有自由度，但这个自由度建立在对商业世界宏观性的认知上。信托人关于宏观性的认知，需要对破产重整的利益相关者或者团队生产理论中的成员作出说明和相应的解释。

在更加例外的场景下，不具有重整价值的确定，需要根据信托人具体的个人商业经验作出价值判断，但是该等判断仅限于通常商业经验的惯例内，信托人的个人立场有可能对重整价值产生重大影响，但是其判断的个人立场及指引需要坦诚地向各团队成员解释。

不具有重整价值这种不确定概念的具体化，实际最终指向了信托人的注意义务和坦诚义务。注意义务要求信托人具备充分的商业判断经验，依据充分的调查权完备地掌握商业判断的信息；坦诚义务要求信托人对其掌握的信息及加以判断的事实证据向利益相关者充分披露，并接受利益相关者的质疑。

二、宏观因素的调查

重整价值与清算价值最大的分水岭在于重整价值代入了营业要素作为整体性结合的考察，而清算价值则未有该项考察。即使破产以整体"资产包"的形式对外实施清算并予以分配，各资产结合而成的"资产包"，也不意味着它们具备了营业要素，因为在这样的场景下缺失了最为关键的因素——人作为营业资产有效组成部分的要素。

　　基于营业要素的考察，破产重整的信托人在判断是否具备重整价值，就不能仅从破产财产本身的财产属性上予以考虑，而是应该秉持不确定概念的具体化方法，扩大概念本身的宏观性及资产专有属性方面的调查权最终加以确认。比如，《全国法院破产审判工作会议纪要》对重整企业的识别审查作出了指导性意见，认为"人民法院在审查重整申请时，根据债务人的资产状况、技术工艺、生产销售、行业前景等因素，能够认定债务人明显不具备重整价值以及拯救可能性的，应裁定不予受理。"这些宏观性的调查权，包括以下内容。

（一）行业前景判断

　　行业前景，指的是破产重整企业所处行业未来的景气度如何，即这个行业的未来是不是有着广阔的市场需求。

　　行业前景受行业趋势、空间及行业所处阶段的综合因素影响。破产重整的信托人如果得出行业趋势向上的判断，需要对行业整体营业收入的增长率有清晰的认识。在行业增长率既定的情况下，信托人还要判断行业是否具备足够的空间，即市场销售所蕴含的容量是否能够容纳市场现有运营者及潜在加入者的生产、服务总量。假如行业的未来总体容量是100亿元，而现有市场运营者及潜在加入者的生产、服务总量只有10亿元，那么信托人就可以得出行业所处阶段属于行业前期阶段的判断，但是如果生产、服务总量已经达到100亿元，那么总体容量无法增加的情况下，信托人需要作出已经到达市场天花板阶段的判断。

　　如果破产重整企业所处的行业前景具有确定性，且处于行业前期阶段的话，那么整体营业资产应该享受高估值；反之，如果处于行业红海阶段，则不应该享受高于市场平均收益率的估值。

　　2009年最高人民法院发布的《关于正确审理企业破产案件为维护市场

经济秩序提供司法保障若干问题的意见》中提到,"对于虽然已经出现破产原因或者有明显丧失清偿可能,但符合国家产业结构调整政策,仍具发展前景的企业,人民法院要充分发挥破产重整和破产和解程序的作用,对其进行积极有效的挽救"。据此,现有的司法实践中,"符合国家产业结构调整政策,仍具发展前景"应被认为是信托人对"重整价值"这种不确定概念确定的宏观考量因素。

(二)特殊地域优势

在某些地区,由当地资产、丰富的自然资源、政府的产业政策和鼓励措施等因素产生的生产优势被称为"特殊地域优势"。特殊地域优势给企业带来市场溢价和成本节约,并最终影响破产重整企业的价值判断。

比如,白酒生产商选择在贵州某知名酒厂周边生产、储存产品,可以获益于特定的生产环境使得产品的品质上升,从而减少相应的原材料采购费用或生产研发费用;再比如,选择在汽车配件成熟的区域生产、组装汽车,可以减少零配件的缔约成本、运输成本。特殊地域优势需要结合破产重整企业所处地域的自然资源、劳动力成本、科技保护力度、政策扶持、市场集中度等宏观因素考察判断。

(三)可选择适用的税法特殊性待遇溢价

重整行为的产生,很可能导致债务人(作为纳税人)实现和确认收入,也可能对纳税人(作为债务人)有资格获得重整以外的优惠税收待遇的能力构成障碍。因此,在涉及重组、重整事项时,国家的税收法律会给予破产重整企业特殊或优惠的税务待遇供企业选择,这些特殊、优惠的税务待遇的选择适用,会使破产重整企业当期节约刚性税款,或者使新进入的投资者节约收购成本,从而实现税法待遇上的溢价。

比如,破产重整企业的税务亏损,对收购企业而言,是一种成本节约，因为收购或合并企业有机会将破产重整企业的税务亏损实施弥补结转适用。财政部、国家税务总局发布的《关于企业重组业务企业所得税处理若干问题的通知》第一条第五款规定，合并，是指一家或多家企业（以下简称被合并企业）将其全部资产和负债转让给另一家现存或新设企业（以下简称合并企业），被合并企业股东换取合并企业的股权或非股权支付，实现两个或两个以上企业的依法合并。第六条第四款第三项规定，企业合并，企业股东在该企业合并发生时取得的股权支付金额不低于其交易支付总额的85%，以及同一控制下且不需要支付对价的企业合并，可以选择按以下规定处理：可由合并企业弥补的被合并企业亏损的限额＝被合并企业净资产公允价值×截至合并业务发生当年年末国家发行的最长期限的国债利率。

相似的情形还包括增值税上的安排，比如国家税务总局公告2011年第51号《关于纳税人资产重组有关增值税问题的公告》规定，纳税人在资产重组过程中，通过合并、分立、出售、置换等方式，将全部或者部分实物资产以及与其相关联的债权、负债和劳动力一并转让给其他单位和个人，不属于增值税的征税范围，其中涉及的货物转让，不征收增值税。这实际上赋予了破产重整信托人可选择的交易方式，使得该等交易当期不发生增值税纳税义务，从而节约了成本。

（四）有效投融资环境

有效的投融资环境指资本市场建立了多层次、多元诉求投融资市场环境。一个发达、有效的投融资环境，使得资产属性得以被充分披露，并使市场参与者可以作出定价方面的合理决策。

有效投融资环境的宏观方面主要受国家宏观经济环境、财政和货币政策、金融市场环境和信用担保体系环境等因素影响。比如，在宏观经济保持较高增长率时，市场会体现出一定的通胀率，使得货币政策紧缩，因而会导致市场利率上升，货币紧缺，买方（资金出让方）处于强势地位，卖方（资金需求方）处于弱势，从而使卖方价格下降、利率上升。如果处于一个宽松的货币环境，甚至是量化宽松的货币环境，那么有效的资产便成为市场的稀缺资源，此时便会形成卖方市场，从而导致价格上升、利率下降。

（五）社会影响及社区关系

区域性规模型或支柱型企业，对地方的经济建设及组织财政的作用无疑是贡献巨大的，甚至影响了当地的就业环境，从而间接影响了治安及社会稳定。另外，还有企业成为当地基础民生类别服务的供应商，一旦其退出当地，市场将可能因为没有合适的替代者，导致社区服务停顿。从团队生产理论角度观之，这类企业虽然在资产专有属性方面或许估值不会太高（因为属于微利型服务资产），但一旦企业破产清算，将会引发职工生活、社区生活问题的多重矛盾，社会不稳定风险增加。这类社会影响较大、涉及地方财政、就业及民生的企业，在更新替代方面所占用的社会成本较高，因而需要由地方政府予以适当扶持，这也会影响重整价值的判断。另外，一些恶性社会影响的破产企业，其品牌效应已经成为一项负资产，如若进行重整，则需要考虑重建品牌、维持新的客群关系，而不应仅从资产属性的角度进行重整价值的判断。

社会影响及社区关系中，一个重要的变量因素就是政府的支持程度，特别是国有企业，在成立、运营过程中，得益于中央或地方政府的扶持，发展得往往较快，在遇到资不抵债或现金流断裂等情况时，很大机会获得政府的帮助。那么在这种情况下，政府的支援便会成为破产重整企业价值评估的一个增量因素。

三、资产属性的调查

重整价值直接受到资产属性的影响,这类影响因素属于微观层面。

(一)资产专属属性的价格评估选择

资产本身的属性与价值评估方法的选择相关,不同的资产专属属性,对应不同的价格确认方法。如果资产的属性更多偏重于过去形成资产投入的成本或费用,在资产有效的使用周期内价格浮动幅度不大,那么该类资产的价值评估方法应尽量选择历史成本法加以确认;如果资产状况保持良好与全新资产使用性能差异不大,那么资产应按照现在购买相同或者相似资产所需支付的现金或现金等价物的金额确认,也就是重置价格法;如果资产存在一个公平交易的市场环境,交易的双方主体均以同等资产属性的方式实施资源资产交换或交易的,那么应采用公允价值计量法;如果资产存在着固定租金或收益,该收益在较长的一段时间内保持一个合理的预期,那么对该类资产的价格评定宜采用收益现值法。

(二)企业资质及批许

企业的资质、批许属于一种行政许可,要回答的是在可以介入一个特定行业的前提下,允许开展何种性质业务的问题。从这个角度看,资质和特定批许不仅体现的是一个获准进入市场的资格,更反映出进入某一市场的能力。

破产重整企业资质、批许及壳资源,本身是企业商誉的一部分,是一项非独立的无形资产,与营业资产连接在一起,具有价格评估的意义,一般不能单独计价,但是可以成为企业整体营业资产的增量项目或增益项目予以评定价格。

（三）人力资源

根据团队生产理论，企业是团队生产合同的结合体，其生产过程是资本、劳动力、土地、企业家精神及知识、信息等各类要素共同作用的过程，企业在完成一个生产周期后，各类生产要素都应该从产出收益中获得相应的报酬。这类报酬反映到人力资源方面，就会形成为企业提供未来经济利益或服务的潜力，并以货币计量，因此应确认为一项资产。破产重整企业如果没有出现员工全面离职的情况，亦应作为一项资产予以评估，这种评估因素是在知识密集型企业中尤显重要。

企业是否有足够的人才储备，各部门间是否协调一致并形成合力，在企业面临困难时是否仍旧能够团结一致克服困难，是考察经营团队人力资源价格的重要因素。对于那些遭受暂时性资金困境的企业，部门之间仍协调一致、相互配合，历经重整后便可以直接由原有经营团队产生效能继续治理公司，对重整效率的提升是大有裨益的。

（四）重整意愿

在企业破产重整中，大股东对重整的支持程度及决心都会在一定程度上影响破产重整的整个进程。大股东的积极配合是破产重整价值判断中必不可少的一大因素。如果大股东反对重整计划的推进，那么他将会用尽各种手段推延重整的进程，这对重整计划的实施是一项成本支出。另外，债权人的意愿及在债权组表决中的态度，也是重整中的一个定性及定量因素。

四、判断的原则、价值确定的行使

实际上，对重整价值的判断，相较于清算价值，是一个动态的均衡过程，因此，在对重整价值这种不确定概念确认的过程中，需要遵守均衡及全面性原则、整体性及发展性原则。

（一）均衡及全面性原则

作为一种团队生产理论基础，破产重整需要体现团队生产契约的整体要求，就要兼顾、平衡各团队成员利益。在价值判断基础上，需要考虑各团队成员，包括债务人、债权人、股东、潜在投资人、职工、供应商等各成员在重整过程中所给予的经济支持和政策支持。

全面性原则要求判断主体全面分析债务人企业内外部各方面的特征，考虑影响破产企业价值的一切因素，从定量和定性角度、企业自身和外部、微观和宏观等方面综合判断重整价值。在进行重整价值判断时，不能单纯只考虑某一方面因素，要全面兼顾方可下结论。

（二）整体性及发展性原则

债务人企业作为一项团队生产的整体，是由各团队成员、各营业资产及生产要素有机结合起来，各要素之间联系密切，构成一个能创造比静态价值更大的价值有机体。因此，对企业重整价值的判断，不能将企业各组成部分孤立开来，应该将其看成一个相互联系的有机体。

另外，在判断债务人企业的重整价值，不能仅仅依据当下的财务状况予以判断，还应结合企业经营的宏观环境，用发展的眼光预测企业将来持续经营可能会创造的价值。

为确定不具有重整价值这一概念，信托人需要根据一般程序进行确认，通常而言，程序如下。

1. 事实调查阶段

破产重整企业的宏观因素及微观因素，影响重整价值的确定，为此，信托人需要就二者进行调查，该阶段旨在搜集对最终决定有用的事实和数据，尤其是那些显示为必要的证据。

调查阶段的主体是有权作出价值确认的信托者，或由信托人委托的专业机构和人员。调查所适用的证据材料为更具法律效力的材料。

2. 团队生产成员提供证据的辨认

团队生产理论的假设前提是存在着团队生产合同，在合约内，团队成员各自分工且又相互协作。因此，在关于重整价值确定事项方面，需要加入一项原则——团队成员合作及参与原则。团队生产的信托人有参与的权力。

倘若不当排除了团队生产成员的参与，那么信托者的该项确认或决定则属于一项非有效的行为。之所以称之为非有效行为，不在于确认行为的无效性或有效性，而是基于信托者违背了信托的程序性要求，使行为本身具备了瑕疵。瑕疵行为下所作出的确认及决定，属于法院审查的范畴，法官可以根据自由裁量权，对该项行为予以维持确认，也可以予以撤销。

3. 披露与说明

团队生产成员有权就重整价值的调查提供补充证据事实，也可以就信托人确认的证据事实提出质疑，有权对调查的结果作出评价。

基于这样的前提，信托人在确认事实及作出重整价值与清算价值之时，应向团队生产成员提交预先确认草案，并对预先确认草案中所依据评价的事实证据进行披露。

基于这样的合理立场，团队生产成员有权于最终定价结果作出前在程序中陈述意见，并获知可能最终定价。

4. 不可接纳的事实证据

一些与定价无关的证据事实，可能是信托人依调查取得，也可能是团队生产成员在质疑程序中补充提供的，信托人可不予接纳。

当然，在判断重整价值和清算价值的时候，不获接纳的事实证据各有分别。

清算价值的判断和重整价值的判断存在重大差异。清算价值的判断过程中，更多考虑资产自身属性及市场供需关系，那些营业要素的结合体，比如重整意愿、资质证书、人力资源、社区影响均不应成为价值判断因素。一旦在清算价值的确认中加入该等事实证据，那么该等价值的判断可在司法审查中予以推翻。

另外，在一些特殊性的税务待遇中，税法规定该等优惠税务待遇的取得系以营业资产的连续性及经营持续性为假设前提的，那么在破产清算过程中，该类事实证据也不应该成为清算价值的事实证据。

五、"不具有重整价值"的司法审查权

信托人瑕疵确认"不具有重整价值"主要理由包括两个方面：（1）违背了团队生产成员的合作及参与原则等方面的程序瑕疵；（2）不确定概念具体化本身采纳的事实证据方面的瑕疵。

（一）程序瑕疵

信托人在价值确定的过程中，没有预先披露和说明价值判断的事实证据，或者不当地剥夺了团队生产成员的合作及参与权利，那么该项判断是一种忽略必要性程序的形式瑕疵，属于一种"非有效"的判断。

团队生产合同的构成及其履行，侧重团队成员意志的表达，倘若团队生产成员意志表达受阻，那么该项情形被认为是非意思自治状态。如果成员因外在原因，使意思与表示不一致时，则可能导致主体平等地位之丧失与交易安全之破坏。因此，法官在缺乏意思自治场景下，可矫正受损主体的意思自治权，赋予其可选择性意思自治的救济方式，也就是通过撤销行为或者维持行为来维护法律关系。

在信托人没有预先披露或说明价值判断的事实证据，并不当剥夺团队成员合作及参与权时，团队成员没有意思表示的空间，所以此情形下得出

的重整价值及清算价值判断是缺乏完整意志的，属于瑕疵意志。团队生产成员可以据此诉请法官予以意思自治矫正，由法官判断在何种情况下更符合团队生产成员利益，而决定予以维持价值判断或撤销价值判断。

（二）不确定概念的瑕疵

如果信托人在对不确定概念确定的过程中，并没有产生程序性瑕疵，那么该等确定是否是一项可以被司法审查的事项？或者说，在对不具有重整价值的判断过程中，信托人完整地说明和披露了价值判断的事实证据，并有效听取了团队生产成员的意见，那么在此作出的不具有重整价值或具有重整价值的判断，是否是一项可以被司法审查的事项？这一问题，需要对不确定概念的确定过程作性质上的判断。

1. 不确定概念的确定不属于商业判断的裁量问题

需要确认的是，商业判断的裁量问题，赋予了信托人选择的空间，比如信托人可以选择重组，也可以选择债转股，或者合并、分立等事项。信托人根据是否有益于最大化团队生产成员利益实施重整方法选择。

但是，不具有重整价值并非一种选择权问题，事实上，信托人并没有选择权。他需要在充分调查的基础上，结合调查所获取的事实材料发现是否具备重整价值。

针对商业判断的裁量审查问题，法官可以审查信托人的行为是否秉持善意、适度及是否有益于最大化团队生产成员利益。然而，法官在此的审查原则及审查密度，必然与自由裁量的审查原则及审查密度存在着重大区别。

2. 如何审查

对重整价值的确定属于一项可以进行司法审查的不确定概念，其审查的依据在于确认其是否存在的决定应基于已认定的"事实证据"和"事实证据的判断"中所列明的事实而作出。

破产法官由于不是事实的调查者，更多时候仅能从既存的事实证据发现信托人在重整价值判断过程中的端倪，不能主动去实施调查权，更无从去论证一个重整价值的唯一正解。

由此而言，法官在对重整价值的裁判过程中，并不是完全实施司法审查，或者说实施全面司法审查。因此，法官的有限审查权就建立于信托人的调查权是否完整挖掘了重整价值判断过程中所需要的主体材料。如果法官认为信托人的调查权是不充分、不完整的，由此所确定的重整价值，法官可以撤销的方式作出裁定，命令信托人扩大其适用的调查权空间。但是，法官不能够直接判定其是否具备重整价值，因为法官本身不是调查权的行使者。

第四章

自由裁量：
重整计划的可行与分配尺度

第四章
自由裁量：重整计划的可行与分配尺度

超乎最低期待利益分配的空间，属于团队生产协议中不可明文列示的协议事项，各团队成员可以享受重整溢价的分配利益。具体到重整溢价分配的空间，与重整行为的具体应用，存在着密不可分的关系。重整行为的具体应用以获得超额期待利益的溢价，这是属于信托人商业方面自由裁量的空间范畴。因此，重整事项关乎超额溢价的获得及超额溢价的分配，就形成了重整事业的重要内容，也构成了重整司法事项的重大判断基础。超额溢价的获得及分配，属于重整信托人信托行为商业自由裁量的空间范畴。因此，对这类信托行为的审查，则构建在自由裁量行为是否公平、公正，是否合乎尺度和平衡的基础上。重整计划的推进，很大部分的内涵在于追求重整超过清算的溢价收益。因此，根据团队生产理论，如果判断破产企业不具有重整价值，那么破产企业才有走向破产清算的空间，如果判断破产企业具有重整价值，那么接下来就需要由信托人、管理人或债权人委员会，拟定重整计划。除了分配的内容外，重整计划的一大重点就是关于企业持续经营的方案，也就是重整路径的判断。信托人根据其商业经验选择多种重整路径中的其中一种，这属于信托人商业判断的自由裁量范围。但是不论如何选择，首先需要确认的是，该重整计划是否具有可行性，计划形成中的商业判断自由是否遵循了公平、公正原则？

需要关注的是，倘若属于信托人商业自由裁量的空间范畴事项，那么这里的信托行为是否属一种无限制的自由裁量？倘若不是一种无限度的自由裁量，那么其应该遵循的尺度又如何？回归到团队生产理论之初，信托人的行为是在保证团队最低期待利益之余，通过重整行为获得重整溢价并进行分配的。因此，信托行为的自由裁量是以最低期待利益作为底线考察因素的，这个底线考察因素，演化关于地板清算规则的考察（为便于陈述，将在第五章予以专门论述）。在保障地板清算规则之上，就是重整信托行为是否具有可行性，以及在可行性基础上的对租金和溢余的考察，这个考察就是重整的优先权分配秩序的考察。

一、重整计划的可行性

重整计划的制订，可能存在多种方案，这属于信托人商业判断规则中自由裁量的范畴。但是，在多种方案并存的前提下，信托人首先应选择并确定能够满足公司持续运营的方案，也就是说，破产重整计划的执行具有可行性。

重整可行性至少意味着两种状态：(1) 重整各利益相关方，特别是债权人将会得到重整计划中所承诺的现金、实物给付或期权对价；(2) 一旦重整计划生效，公司至少是尽可能存续经营的。

在多数情况下，重整各利益相关方得到承诺的支付，那么公司的可持续经营也不会出现问题。但是，仍然存在让债权人得到计划中承诺的给付或期权，但公司却存续不下来，或者至少不会以重整计划所描述的经营方式存续下来的情况。因此，对公司存续经营能力或生存能力的可行性预测，是信托人在作出重整计划选择时所应重点考虑的事项。

破产重整企业的生存能力意味着，作为备选的重整计划需要被证实满足破产重整后的企业不会进行清算，或不需要进行进一步的财务重组。应该说，这是一种关于二次破产的预测。

赵泓任在《企业破产重整计划可行性的法律分析》提到，重整计划的可行性需要重整制度在具体实体条件与程序机制方面进行保障，需要完善重整计划执行阶段的执行调整、执行监督与责任追究机制。他认为，由于市场变化，以及当事人合作、行政审批等事项可能在重整计划批准后出现不利于重整活动的变化，重整计划在执行过程中往往面临或大或小的"执行风险"。

基于这样的考虑，重整计划的执行阶段的调整、监督及责任追究机制，也属于重整可行性的考察事项。

但是，在60宗案件里，关于执行期限和执行监督的内涵，多数集中在债权分配事项内。以（2020）闽05破21号案为例，重整计划规定了执行完毕的标准，即自下列条件全部满足并由管理人出具重整计划执行情况的监督报告后，视为执行完毕。

第一，职工债权、普通债权已经按照债权调整和清偿方案获得清偿、提存和预留，债权人未领受的分配额已经按照重整计划的规定予以提存；根据本重整计划的规定应当支付的重整费用已经支付完毕。

第二，根据重整计划的规定用于引入重整投资人的转增股票已经划转至重整投资人指定的证券账户。

可以说，现有案例关于重整计划执行调整及监督，所涉及的重整可行性的内涵，其实仅关注重整各利益相关方特别是债权人将会得到重整计划中所承诺的现金、实物给付或期权对价，而对债务人的可持续经营并没有过多关注。

（一）预测模型

关于企业二次破产清算或财务重组的预测，最初侧重于采用财务指标建立预测模型。流行的预测模型的选择性财务指标包括偿付能力、盈利能力、现金流、资本结构、周转能力、成长能力和其他类别共七类财务指标。

研究表明，公司治理不善也是导致公司发生财务危机的重要因素之一，因此，部分学者开始使用董事会结构、所有权结构等公司治理指标建立破产预测模型。在2016年德隆等作者合作的 *Financial Ratios and Corporate Governance Indicators in Bankruptcy Prediction：A Comprehensive Study* 一文中，德隆将破产预测模型加入了董事会结构、所有权结构、现金流量权等公司治理指标，与财务指标一起作为衡量的变量工具。研究结论表明，财务指标和公司治理指标的结合纳入企业破产预测模型，可显著提高模型的预测能力。

指标型模型在获取指标信息不对称的局限性的原因，信托人在分析破产预测模型时，不可能详尽地获取各方指标，因此，通过破产预测模型所得出的结论可能与事实存在偏差。但即使是这样，信托人仍需要竭尽全力地搜集、调查、分析各指标，并在指标指引下作出预测，以便选择优化企业重整计划的持续经营模式。指标越详尽，所计算出来的二次破产结论则越准确。

（二）重整计划的可行性：一种商业判断的自由空间

关于重整计划可行性判断及其选择，属于信托人商业判断自由裁量事项的范畴。但这种自由裁量并不是完全自由、不受约束的内心选择，相反，是需要根据已知事项作出未来预测的受约束的活动。在判断、选择的过程中，信托人需要秉持善意，其目的在于谋求商业运营给团队带来的良好结果，而不是追求坏的结果，比如，在引进潜在投资人后使破产重整企业再次陷入财务困境引发二次破产。从这点来讲，这种自由裁量的行为是有别于刚性决定行为，比如，不确定概念的具体化行为。在不确定概念的具体化行为中，并不需要考察行为人的善意与否，因为其并没有选择权，一旦得出结论，只能尊重，否则就违反了信托义务。

进言之，信托人关于重整计划的选择是基于二次破产预测及方法对比分析后得出的选择结果，其目的在于为使破产重整在各种可能的方案中，选择一种由信托人商业经验判断出来的、可以实现重整价值最大化或利益相关者利益最大化的、最为恰当的决定。这种自由裁量，在追寻实现主要目的路径选择的问题上，加入了对其他利益适度损害是否可行的价值判断，是一种主观性为主导的活动，这与不确定概念具体化过程中的客观性主导特征相区别。

据此，关于最具可行性的重整计划的选择，是信托人凭借着其商业经验自由决定的预测性价值判断过程。就该种自由决定空间，法官并不具有审查权，因为法官应该是破产重整程序过程中的观察者。

将某种预测性结论适用于具体个案,必然带来主观方面的价值判断。倘若重整计划在预测性方面并未能得出重整企业继续良好运营的假设,那么这种重整计划将不获采纳并予以弃用。

重整计划是否能使企业良好持续经营,是对未来经营的预测性判断,法官并不能够对这样的预测性判断进行司法审查。但是,法官可以审查信托人的重整计划是否秉持了善意。

信托人重整计划应秉持善意原则,目的是在破产重整的程序内创造一个信任及可预见性的环境。善意原则具有高度抽象性,并通过两项基本原则使之成为可能并予以具体化:保护正当利益信赖及实质一致原则。

对信赖的保护并非一个绝对的原则,仅在有需要的特定场景才会出现,它是利益相关一方基于对另一方完整履行合同的信赖而为的投资支出,从这点来说,信赖其实是一种抛却了利润考虑的最低期待。

破产重整所强调的分配秩序,也不是一种积极性的利益分配,即重整计划分得的价值不应低于债权人和股东有权根据破产清算假设所计算得到的价值,并应遵循了偿还等级秩序。

善意原则关于最低利益期待(信赖)和实质一致的具体化要求,在破产重整法律秩序里被引申出绝对优先权原则和相对优先权原则。或者说,信托人关于重整计划可行性应秉持善意原则,被具体化为是否遵循了绝对优先权原则(或相对优先权原则),这也是法官在审查计划可行性方面所应秉持的审查原则。

二、绝对优先权的遵守

重整计划的选择属于信托人自由决定的空间,但重整计划是否公平地对待利益相关人,是否遵循了破产法设定的优先等级偿还秩序,却是重整计划选择的尺度,属于法官审查权的范畴。

破产法围绕绝对优先权规则展开。该规则要求对破产分配求偿权进行优先秩序排序。有观点认为，破产法设计的基本问题，在于破产程序是否按照绝对优先权分配。某一债权人求索权优越于其他等级债权人，那么该债权人的求索金额必须在优先等级低一级的债权人收到任何款项之前全额得以偿付。受偿的对价，可能是由出售资产池所对应的现金，也可能是资本结构调整的股权或期权支付，但这不重要，因为这并不是绝对优先权考虑的范畴。其根本性质在于，要求债的分配有一个先后的排序。

（一）绝对优先权与代理成本问题

绝对优先权这一判断准则是基于代理成本的假设基础上形成的。公司在经营过程中，公司的所有者及信托人寻求外部融资，其目标是筹资资金最大化。外部的投资方（或出借人）很难判断所有者及信托人是否在尽其所能的范围内使公司经营得更好，因此信托人需要极力向投资方展示其减少公司代理成本所作的努力，即当公司经营情况变得很糟糕的时候，投资方可以获取最大份额的分配，所有者、信托人甚至公司普通的供应商仅在投资方获得其全额份额时，才可以获取相应的收益和报酬。在存在这样或那样的代理成本问题的情况下，实行绝对优先权制度是有其价值的。

偏离绝对优先权制度的后果是，外部投资方一开始就不愿意将资金出借给公司，这导致公司维持相对较高的融资成本，并最终损害公司的股东、信托人及供应商的权益。

事实上，优先等级最高的债权人，并无法行使对公司的控制权，不论在破产前还是破产后，他们在公司中均没有控制席位。一方面，他们提供资金的出借，更多的是基于债务人提供其关注的担保资产；另一方面，他们自身的经营特征也不允许其在债务人公司中获得控制席位，最典型的就是银行等金融机构，由于分业经营限制的原因，银行不能从事获批金融业务外的其他业务。

这一类最高优先等级的债权人，将其对债权的注意力转移到债务人资产或其他类型权益方面。比如，担保债权人在向公司提供资金时，就竭尽全力地去检验设定抵押权的资产价值和状况。列在优先受偿最高等级序列的有建筑工程优先权和抵押、质押债权。这两类受偿权建立在外部资金出借者对建筑工程、抵押物或质押物有充分认识的基础上。

另一类优先等级较高的债权（属于相对次级债权）则是建立在对特定主体的关怀基础上，比如，职工优先受偿权和税收优先受偿权，前者体现了人文关怀，后者体现了公共秩序。与建筑工程优先权、抵押权、质押权一样，这类相对次级债权也很难谋求公司的控制席位。

既然最优先等级及次优先等级债权人，不论在破产重整前，还是破产重整后，均无法谋求公司控制席位选任代表自己利益的信托人，那么他们只能信赖信托人关于最大化控制代理成本的承诺，这些承诺构成了他们投资的前置性条件。

（二）账目的结清

绝对优先权严格按照优先顺序决定债务清偿关系，力求每一个等级的利益相关者在重整结束时，都能结算到按等级分配到的现金或财产。因此，绝对优先权追求的是使公司与利益相关者的往来账户处于一种结清的状态。

可以说，这是破产清算所要追求的完美结果，满足了代理成本承诺、资产关注和人文关怀、公共秩序等诸多目标。在破产清算的制度秩序下，破产公司的各项资产要么以出售的形式获得现金对价，要么以以物抵债的方式偿还债权人款项。不管以何种方式，利益相关者都将从资产出售或抵债行为中获得分配利益。

可以说，绝对优先权规则所追求的分配秩序，与破产清算所确认的分配秩序，几乎没有差别，债权人的任何债权都必须在清算后的剩余资产分配给股东之前得到清偿。这种状态是以市场价格的确定为基础的。市场价格的确定无非是以竞买的方式推进，或者以司法估价的方式推进。

（三）出售式重整中绝对优先权的遵守

绝对优先权规则的遵守需要以账目结清、价格确认的前置性条件得出，绝对优先权是破产清算中所应遵守的分配秩序，因为破产清算拆分资产通常采用价高者得的强制售卖模式，是可以实现账目结清、价格确认两项前置要求的。

破产重整中要遵守绝对优先权，需要继续满足账目结清、价格确认这两个前提条件。各破产重整计划中，只有出售式重整满足这样的条件。出售式重整，是指将债务人具有活力的营业事业之全部或主要部分出售给他人，使其在新的企业中继续经营，而以转让所得为对价及企业未转让遗留财产的清算所得来清偿债权人的重整模式，其核心在于主要营业事业的存续，而并非债务人主体的保留。

出售式重整中出售公司的持续经营权当然是一种解决财务困境的方法。在出售式重整中，各利益相关者在新的营业主体下并没有建立起新的团队生产合约，其在旧有的合约关系中的履行角色已经结束，也就是各方利益相关者在原有关系中的账目可以实现结清。

出售式重整带来的问题就是如何分割由潜在投资者全额付费带来的投资款的分配，这个投资款是通过竞投或者招募的方式予以市场确认。因此，出售式重整需要遵守绝对优先权设定的分配秩序。

三、绝对优先权适用的逻辑困境

出售式重整适用绝对优先权，但其他重整计划或模式适用绝对优先权则存在着逻辑困境。

（一）"价高者得"困境

绝对优先权规则自然适用于这样的情况：将陷入财务困境的公司的整体营业资产卖给出价最高者。保持破产重整公司营业的完整性，最简单的方法就是将公司整体营业资产出售给第三方投资者，使其不受现有债务的影响。

但是出售并不是市场的常态。因为市场可能缺乏流动性。就破产重整公司而言，最有机会成为潜在购买者的多数是同一行业的其他企业。当一家公司陷入困境时，其他公司也很可能陷入困境，这就意味着没有资源参与竞买。当最看重破产重整营业资产的人不参与竞买时，那么竞买的价高者得的逻辑就存在着天然的缺陷。

当一家陷入财务困境的公司的整体营业资产即将被出售时，潜在投资者已经行动起来了。他们需要花很长时间从事尽职调查，评估公司职业经理人的素质，并聘请外部专家对该行业的未来前景作充分认证。他们亟须了解困境企业营业资产的真实价值。

现有的利益相关者拥有着潜在买家所不能了解的更深层次的信息，他们不愿意在破产重整公司停留、不愿意获取重整期权，因为他们知晓即使重整执行，也可能再次陷入财务困境。这样的不对称信息，使得潜在买家天然地认为他们处于一种信息缺位中。

市场流动性的缺陷及信息不对称问题，严重影响市场潜在投资人的投资欲望。

（二）司法估价的无休止论辩及论辩成本

在非市场竞价机制下去遵守绝对优先权，体现了对司法估值的高度自信。

绝对优先权的适用需要建立在账目结清和价格确认的前提基础上。这就需要一种替代市场定价的模式实施价格确认：即需要启动非市场估价程序。这样建立的前提基础是，绝对优先权能够与非市场重整机制得到良好结合。但是，实际上二者在本质上是不稳定的。非市场机制下的估值总会存在着与市场之间的偏差。最适合评估的主体当然是破产重整的信托人，但由于涉及分配，信托人往往不会自行评估，一方面，他不一定有市场上评估的主体资格；另一方面，他所作的任何评估，均会遭到各利益相关者的质疑。信托人基本上把这一任务交给市场上独立的专业人士——资产评估师。

然而，资产评估师属于独立第三方，其在营业资产的专有属性上可能会秉持着较为专业的看法，但在涉及整体营业资产的宏观属性上，却不一定有清晰的洞见力。这就决定了这样的非市场机制估值一定会存在着偏差。

在偏差论辩的过程中，可能一方利益相关者会发现，如果花费大量时间、成本实施估值辩论，即使估值收益率提升1%，也有助于维护其自身利益。那么他一定会加大力气推动这样的辩论，甚至请求估值的听证。事实的结果可能是，花费了1元的代价，只会使一方利益相关者获得0.1元的收益。

四、相对优先权及其优势

许多学者致力于对绝对优先权规则进行修改，并引出了一种修正式的优先权制度：相对优先权。

（一）相对优先权与期权

相对优先权引入了经济学的期权概念，把优先级债权人的权益和劣后级债权人的权益区别为当期公司权益和公司期权。相对优先权具有合同相对性的特征，是通过期权合约改变绝对优先权的当期分配秩序，但是一旦

第四章
自由裁量：重整计划的可行与分配尺度

行权时，这种分配秩序又恢复到绝对优先权所设想的状态。

在引入期权概念后，相对优先权和绝对优先权出现了分野。绝对优先权在于劣后级债权人的行权日期在重整获得新的资本架构时就需要完成，也就是劣后级债权人的行权日期被加速到期。而在相对优先权制度下，劣后级债权人的行权日期可以约定到重整公司某项营业资产持续经营到一定时期后。

相对优先权规则的价值意义在于，当投资者（债权人）过于分散，无法达成一项协议，为了阻止他们对资产的破坏性争夺，并让其有时间谈判以重新调整对公司享有的权利。这使重整的利益相关者能够建立新的资本结构，同时尊重原有的团队生产协议，避免公司的分崩离析。

市场流动性不足和信息不对称情况的存在，解释了为什么改变破产重整公司的资本结构对破产重整公司的利益相关者具有更大利益。将破产重整原有股权权益削减，以分配给债权人，换取原有股东的份额，不是实际销售，而是股本重整，是一种虚拟销售。

在绝对优先权制度中，当没有足够的价值支付给优先级债权人时，劣后级债权人的主张什么都得不到。然而，如果让优先级别债权人持有公司股份而让劣后级债权人持有期权，事态将有转机。

面临债务人违约的优先级债权人如果更愿意保留其在公司的份额，而不是坚持将其出售给第三方时，那么他们会愿意发展公司的业务，而不是缩小，并且他们还可以得到公司的控制权，而不是单纯关注公司资产属性。当一家公司被重整时，创造了一种新的资本结构，让每个人都参与其中，这是极有意义的。这种资本结构可以解决公司目前财务状况所产生的问题（取消支付股息和利息的义务，剥夺低一级债权人的投票权或其他控制权），但仍然承认劣后级债权人在特定情况下行使剩余超额权益的权利。在将来的某个时候，所有的账目最终都会结清，这就是相对优先权的优势。

（二）避免估值的困扰

相对优先权不要求对公司估值，但绝对优先权要求估值。在没有出售的情况下，要决定谁获得绝对优先权，信托人或法官必须确定公司的价值。经验证据确实表明，实务中，司法估值的偏差非常大。

选择绝对优先权还是相对优先权与财务困境问题关系不大。财务困境的产生是由于投资工具的其他特征，比如现金流不足，或者公司治理中的控制权、监督权缺失。投资工具通常包含现金偿付权。股东有权获得股息，债务人有权按固定的时间表获得本金和利息。投资工具也体现了控制权，股东直接享有控制权，他们有投票权，选举董事会。债权人也享有控制权，可以通过要求如期偿还贷款或放弃违约责任的诉求，来影响债务人的行为。比如债务人常常需要获得其主要贷款人的许可，才能进行重大资本投资。

财务困境往往需要改变劣后级债权人的现金流权和控制权。当一家公司可能无力偿还其优先级债权人的债权时，由劣后级债权人发号施令或享受利息和股息就不是一件妥当的事情。

无论是现金流还是控制权都与绝对优先权和相对优先权的选择无关。绝对优先权要求每个权益者在营业终结时，其与公司的往来账应当结清。但是，只要公司继续经营，就没有必要结清账目，而不管公司的财务状况如何。公司的价值在优先级债权人和劣后级债权人之间的最终分配可以推迟。我们可以在重整之初确定优先级和劣后级债权人各自的权益，但这种在规定时间内绝对结清并没有必要。

相对优先权可以简单地实现公司持续经营的这种目标。例如，优先级债权人可以获得重整公司在重整时的全部股权，而劣后级债权人可以获得公司的看涨股票期权。劣后级债权人的行权价是公司欠付优先级债权人的清偿金额。一旦劣后级债权人没有在规定的期间内行权，那么公司的全部现金流权和控制权将受优先级债权人绝对控制；一旦劣后级债权人行权，公司的现金流权和控制权将回归至劣后级债权人，优先级债权人将首先获得期待的清偿。如果重整后的公司最终繁荣起来，劣后级债权人仍能够获得其份额。

这样的重整分配方式有着明显的优势。绝对优先权要求一开始就知道公司的价值，而相对优先权则不然。在绝对优先权下，法官不能确认一个消灭劣后级债权人的计划，除非他认为公司的价值低于优先级债权人所欠的价值。为了执行绝对优先权规则，法官必须决定公司的价值是否高于优先级债权人的权益金额。就其性质而言，绝对优先权要求根据优先级债权人所享受的权益金额评估公司的价值。

（三）符合全体团队生产成员的利益

一个拥有围绕相对优先权规则建立的公司，其价值将与围绕绝对优先权建立的公司相同。即相对优先权规则并不会损害公司价值，不会损害破产重整利益相关者的利益。

在相对优先权下，公司的现金流权和控制权首先由优先级债权人享受，破产重整公司在这样的优先级债权人提供的监管下可能会运营得更好。拥有控制权的优先级债权人可以以有利于公司整体的方式行使控制权。

如果一个公司正在蓬勃发展，那么其对另一个公司享有的优先权并不重要。只有当公司资产可能不足以全额支付所有人时，优先权才有意义。因此，对优先权规则的关注只有在公司运营崩溃时才有意义。

绝对优先权要求就劣后级权益者在权益减计方面讨价还价，以加快其期权的行使日期。相对优先权制度不会带来这种复杂情况，它促使各方朝着一个共同的目标努力。这样的目标，使得重整活动能够从容进行。

（四）相对优先权的遵守

在出售式重整中遵循绝对优先权规则，利益相关方有必要结清账目以消除资本关系。然而，在其他重整模式下，并不需要完全遵守绝对优先权规则，信托人可以综合利益相关者利益后，给予劣后级债权人看涨期权的方式，通过资本结构的调整来完成重整计划的选择。

当然，相对优先权的分配内核还在于遵循绝对优先权规则的优先等级秩序，只不过它通过改变劣后等级债权人的行权日期，实现了重整中资本结构的优化配置。

第五章

权利和权益:
侵害与正当损害

第五章
权利和权益：侵害与正当损害

信托人根据其商业判断中的自由裁量空间提出了重整计划草案，重整计划草案首先关注重整计划施行的可行性问题，即选择最有利于公司存续经营的方案。重整计划草案拟定后附加的利益相关者分配中，信托人应秉持善意并遵循公平之原则实施利益分配。出售式重整下，遵循公平之分配原则要求重整计划遵循绝对优先权规则。然而，在改变公司资本结构的重整计划草案中，由于市场流动性缺失及信息不对称的原因，公司营业资产估值处于不确定的状态，分配秩序无法有效遵循绝对优先权规则。因而，相对优先权通过修正劣后级权益者行权日期，避免估值的不确定状态，使之成为资本结构重组的重整模式中应该遵循的分配原则。

团队生产理论在保障最低期待利益之余，通过信托人行为提升重整溢价并进行分配。信托人行为区分为刚性行为和自由裁量行为。刚性行为要求根据法律规定的权利进行分配并执行重整事务，不可侵害重整利益相关者的合法权利；自由裁量行为要求在适度的空间内从事重整事务并据以分配，要求信托行为的底线不可侵犯利益相关者权利。

本章关注的是，信托人拟定了重整计划草案后，该草案是否损害部分权益者的正当权益？该草案获得溢价或新价值投入后，权益者是否可以主张更多的分配？

一、破产重整的权利与正当权益

有必要区分破产程序中的权利和正当权益。

不管是权利或是正当权益，均存在着一项获合同或法律确认及保护的利益。权利是一个直接和及时的保护，从而使利益相关者有权要求信托人或破产法院作出一个或多个满足私人利益的行为，以及当出现侵犯时，利益相关者有权向法院请求实现其利益。与之相反，破产中的正当权益，虽然是一种实时的合同或法定保护，然而不是直接的，而是次要的，破产秩序才是直接被保护的利益，利益相关者不得要求信托人或破产法院直接满足其利益。简单言之，在信托人违法性的情况下，利益相关者不得直接请求法院实现其利益，而仅仅在于诉求消除违法或违约情况下损害其利益的行为。

换言之，破产中的权利意指存在一项要求满足利益相关者自身利益诉求的权利；破产中的正当权益意指存在一项要求与利益相关者本身利益有关的决定应属合法性或合约定规定的利益。在前者中，利益相关者有权诉求取得一个有利于其利益的最终决定；在后者中，利益相关者仅可诉求倘有的不利于其利益的决定不是以违法或违约的方式作出。

关于破产权利，如《企业破产法》规定债权人在人民法院确定的债权申报期限内向管理人申报债权，有权要求管理人审查确认其债权，并由人民法院裁定确认。即意味着，如管理人（作为信托人）不确认其对债务人存在的债权，可以向受理破产申请的人民法院提起确认债权的诉讼。

关于破产正当权益，如《企业破产法》规定，债权人认为债权人会议的决议违反法律规定，损害其利益的，可以自债权人会议作出决议之日起十五日内，请求人民法院裁定撤销该决议，责令债权人会议依法重新作出决议。倘若债权人会议的召开，违背了法律规定的程序性要求，那么债权人可请求法院撤销决议。但是，撤销决议意味着主张诉求的债权人一定可以获得债权分配吗？当然不是。这一方面意味着他们得移除一个满足其利益的阻碍，另一方面意味着有一个新的机会重新表决以尝试实现该利益。然而，作为信托人或法院，并没有法律义务去直接决定他们可以获得的利益是多少，他们不等于有权利直接获得利益，而是仅仅有权在追求利益的过程中不被违法地排除。

二、正当权益的正当损害

区别于权利，正当权益在实现利益诉求方面具有间接性。比如破产重整中债权人获得分配利益金额的诉求,只能通过合乎程序的破产重整程序加以确定。除却这样的程序,债权人无第二种路径获得利益。也就是说,其最终利益的取得,需要路过一段曲折的路径。

现在的问题是,倘存在多条路径,比如 A 路径,费时又费力,最终只能得到 10 元的分配清偿额;B 路径相对省时,且得以分配到 12 元清偿额。那么债权人只有两种应对方式,要么接受信托人安排的路径,要么对信托人安排的路径提出异议,但是他不能直接对得到 10 元或 12 元的清偿额提出异议。更重要的是,他对信托人安排的路径提出异议,仅可建立在该路径的选择是不公平、不公正的基础上,因为信托人被赋予了路径选择的判断。反之,如果信托人选择的是 A 路径且可以证明 A 路径的选择是公平、公正的话,那么,最终所体现的对债权人正当权益的损害,属于一种正当的损害。

(一)为什么会存在正当损害

总有一种价值,优越于利益相关者在破产重整中的分配利益。

以其他法域中的常见事例为例。某产品的进口商,在适用维护公共卫生的法例时,可能因禁止其竞争对手进口而得益。如果法律的目的是保障竞争,这是居于第一线保护的一项总体利益,然而该法律亦以实时的方式间接地保护竞争者们的私人利益。但是,如果主要被保护的利益为公共卫生(及每位居民在卫生中的次要利益),则竞争进口商的利益并不会以实时的方式被法律保护。然而,禁止或准许进口将使他们受益或受损。

倘某进口商据此受损,他仅能获确认的是制止倘有的进口禁令的违法性,而不能就违法者提起损害民事责任之诉。

至于利益相关者在破产重整中正当权益被正当损害的情形,其超然于其上的利益为何?对此问题的呼应,应回归到团队生产理论上来。

根据重整的团队生产理论,团队成员在公司正常运营期间形成的拟制团队生产合约，在面临公司财务困境的时候仍然发生效力，团队成员依然保持着团结参与重整事项，只不过遭遇履行障碍的合约交付给破产重整的信托人进行一定程度的修复。

重整意味着团队保持相对的稳定性，尽力维持公司的持续经营价值，这是团队生产理论在重整过程中所指向的最高价值。简而言之，在团队生产理论学者看来，破产重整所要维护的最高价值是公司稳定的持续经营价值。

这就存在着各利益相关者的正当利益与破产重整公司的持续经营价值相冲突的现象。在可能冲突的价值利益之间，选择高价值而牺牲部分低一等级的价值，这便成为重整的必然选择。

（二）正当损害的尺度是什么

对正当权益的正当损害，应该建立在公平、公正和适度原则的基础上。根据《企业破产法》第八十七条关于破产法院强制批准重整计划草案的规定"未通过重整计划草案的表决组拒绝再次表决或者再次表决仍未通过重整计划草案，但重整计划草案符合下列条件的，债务人或者管理人可以申请人民法院批准重整计划草案：（一）按照重整计划草案，本法第八十二条第一款第一项所列债权就该特定财产将获得全额清偿，其因延期清偿所受的损失将得到公平补偿，并且其担保权未受到实质性损害，或者该表决组已经通过重整计划草案；（二）按照重整计划草案，本法第八十二条第一款第二项、第三项所列债权将获得全额清偿，或者相应表决组已经通过重整计划草案；（三）按照重整计划草案，普通债权所获得的清偿比例，不低于其在重整计划草案被提请批准时依照破产清算程序所能获得的清偿比例，或者该表决组已经通过重整计划草案；（四）重整计划草案对出资人权益的调整公平、公正，或者出资人组已经通过重整计划草案；（五）重整计划草案公平对待同一表决组的成员，并且所规定的债权清偿顺序不违反本法第一百一十三条的规定；（六）债务人的经营方案具有可行性"。

第五章
权利和权益：侵害与正当损害

一项决定属于信托人商业判断的自由裁量事项，意味着信托人在作出该项决定之前需要秉持善意（即善意原则），并遵守公平、公正和适度原则，也就是信托人在维护某种更高的目标价值，从而牺牲、损害低一等级的价值之时，需要以公平、公正的方式作出，并考虑维护的价值和损害的价值之间的平衡关系，一言以蔽之，不能采用不公的方法。对利益相关者正当权益的正当损害，正是信托人运用商业判断选择重整计划草案的重整模式而产生的一种"副作用"。

适度原则要求正当损害应与所维护的利益之间实现平衡，即与实施一项重整决定中所予以保护的较高价值的利益之间相匹配。一般而言，其维护价值所带来的利益，应优于对正当权益损害所带来的成本。在破产重整中，关于适度的要求指向了重整所能容忍的对利益相关者利益损害所造成的最大成本标准，即重整中对各利益相关者正当利益的损害，不应超过全额清算标准或根据清算分析中所对应的各利益相关者的应得利益，即清算地板规则，它亦体现了利益相关者关于重整事项中的最低利益期待（信赖）的诉求。

破产重整以组为表决单位，基本规则是多数表决，比如《企业破产法》第八十六条规定，各表决组均通过重整计划草案时，重整计划即为通过。通常，如果同意的人超过整组人数的 1/2 并且同意的人的请求份额占到整组份额的 2/3 以上，即视为通过。

根据多数表决规则，表决组内的个体，特别是反对的少数派个体是不在考察范围内的。那么存在异见情况下，利益相关者不同意份额分配方案的情况下，强行通过重整计划草案，实际是对其异见者正当权益的一种正当损害。只不过，如果这种损害符合适度平衡的考虑，符合"清算地板规则"所设定的最低清偿额度。

《企业破产法》第八十七条指出了正当损害的公平、公正原则。公平、公正原则直接导源于团队生产合约中各团队成员主体合同地位的平等性。

根据公平、公正原则，破产重整所设定的分配秩序，不能以歧视性的方式作出，也就是以同样的方式处理法律状况上相同的情况，然而对不同情况，需要以不同的方式、程序处理；公平、公正原则，还意指破产重整作为一份整体价值考虑，须给予每个团队成员其应得的利益之义务。

（三）小额债权组：正当损害的又一例证

《企业破产法》第八十二条规定，人民法院在必要时可以决定在普通债权组中设小额债权组对重整计划草案进行表决。

对无担保债权人人数众多的破产重整案件而言，倘所有同等级分配顺序的无担保债权人分为一组，在清偿率较低的情形下，容易引发一众小额债权人反对而无法满足《企业破产法》"双重多数决"条件。因而，对小额债权人实行单独分组，设定更高的比例予以清偿，具有瓦解同等级分配顺序的无担保债权人的效果。从正当权益的角度看，小额债权组的设置，并不必然导致分配金额出现不公平、不公正的现象，但是它使得权益实现的路径不平等，即"同债不同表决权"，从而最终造成各组别实际分配比例出现了差异。然而这种损害是建立在不歧视的基础上的，即通过弱势群体的保护，兼容重整效率的提升以便维持破产重整公司的持续经营价值，因而该种损害，就其路径而言，是一种正当性损害。

三、异见者及最低期待测试

重整过程中，会出现组别上的反对，但有可能法院最终会支持重整计划草案并予以强制裁决通过；由于各组别通过是根据双重多数决规则统计的，因此即使是通过的组别内部，仍可能有个别反对者，他们也属于重整计划草案的异见者，至少他们认为，他们的诉求并没有在重整计划草案中得到充分体现，或者他们并不接受其涉及破产重整的正当权益受到重整计划草案的损害。异见者的正当权益的损害，应该在怎样的测试标准内才可以被认为是一种正当损害？

异见者正当权益的损害，需要考察重整计划草案是否存在不公平的歧视。

正当权益的公平、公正损害，在破产重整程序中实际上是通过三个具体的最低期望收益标准来体现的：有担保债权人、无担保债权人和股权持有者的最低期望收益规则，这一系列的最低期望收益规则组成了精巧的机制。

（一）清算分析

讨论异见者及其最低期待利益测试，有必要先了解清算分析，毕竟它是最低期待利益测试中的一个衡量指标，重整程序中，清算分析仅为一种模拟或虚拟分析，并没有真实发生过。

1. 潜在投资者进入投资的依据

潜在投资者需要一种衡量工具，去判断他们对重整公司所进行的权益投资或出借新的贷款是否合算，重整计划是统统依赖于权益投资和新贷款计划。鉴于市场变化，投资机构对投资会越加谨慎，并希望破产重整企业的清算分析能够帮助其进行决策。

引发贷款人重视清算分析的原因包括：（1）在预期收益的情况下，为重整提供资金的风险相对较高；（2）确定有序清算中可收回的清偿金额；（3）降低特定行业风险敞口的风险管理决策。

这更加需要在重整程序的早期就有一个现实的、基本健全的清算分析。破产重整的信托人有责任在重整过程中尽早确定重整或有序清算是否会给债权人带来最低回报，尽管这种确定本身存在许多风险和不确定性。

2. 利益相关方判断最低期待利益的准绳

清算分析的另一个重要用途是向有资格对重整计划进行表决的利益相关方证明拟议重整计划草案的价值。虽然清算分析是向索赔人提供的披露声明的一部分，但在与索赔人就索赔事项进行谈判时，提供这一信息是有益的。总有债权人对计划草案中提出的估价提出异议，认为他们有权获得比计划中规定的价值更高的价值。有说服力的清算分析表明，重整计划草案规定的清偿额与清算中可获得的清偿额之间的可比分析，往往是债务人认为拟议重整计划是秉持公平、公正立场的基础。

（二）关于担保债权人的正当损害及其测试标准

在代人期权的资本结构重整模式下，担保债权人和无担保债权人的差异在于，担保债权人的行权期为重整实施当日，而无担保债权人的行权期为重整日后某一日期，前者具有现值利益，后者具有期权利益。倘未实施重整，担保债权人可以担保物或建筑工程清算分配实现其债权；无担保债权人无对应担保物，仅得比例清偿。

因而，对于担保债权人而言，重整计划的实施，反倒有可能使担保债权人的清偿日期延后，产生担保物价值减损的风险。因此，重整对担保债权人来说可能是一种负担，而对无担保债权人可能是一种增益机会。

担保债权人和无担保债权人在重整事项方面存在着获益差异，因此需要一种平衡机制，以平衡担保债权人的异议（包括异见担保债权人），否则担保债权人很有可能以不具有重整价值为由申请法院驳回重整。《企业破产法》第八十七条为担保债权人设立的平衡机制是在强制裁定的标准中加入担保债权人全额清偿标准或延期清偿未受实质性损害标准。即：（1）债权就特定财产获全额清偿；（2）延期清偿得以公平补偿，且未受到实质性损害。这两项标准即担保人最低期望收益规则。

1. 关于全额清偿

例如，债务人欠负担保债权人100元债项，并以其不动产设定抵押；不动产司法清算估值100元，似乎可以覆盖担保债权人所主张的债项。但事实是，不动产的清算处置需要偿付20元税项。重整计划草案采用税法鼓励的特殊性税务待遇，并获得 20 元税项当期暂不缴纳的递延效果。信托人作出重整计划，将该等 20 元递延税项收益作为分配款分配给劣后级债权人（普通债权人），担保债权人仅获得了 80 元支付。

那么，担保债权人获得了 80 元款项的支付，是否符合了《企业破产法》第八十七条所指的担保债权人的全额清偿？如果从数字的字面意思看，80 元支付与 100 元债项存在着差异，当然不属于全额清偿所认定的范畴。

所列债权就该特定财产将获得全额清偿，即全额清偿建立在将担保债权和特定财产连接的基础上。与担保债权连接的特定财产处置所得的最大金额，应该就特定财产本身属性的价值，20 元的税收递延利益，属于与特定财产本身价值属性无关联的增益价值，不应纳入担保债权所关联的分配范畴。

2. 关于延期清偿的公平补偿问题

《企业破产法》第八十七条在担保债权人异见情况下的强制裁定设定了第二个选择性标准，即其因延期清偿所受的损失将得到公平补偿，并且其担保权未受到实质性损害。延期清偿的公平补偿且未造成担保债权受到实质性损害，这是一种以期待收益替代现值债权的一种重整方法，也就是担保债权人因为重整计划的实施，推延了权益实现的时间。

常见的争议是，延期清偿的公平补偿，是否需要考虑担保债权人关心的清偿额的时间价值和风险溢价补偿问题？因为时间会带来通货膨胀现象（虽然局部情况会出现通货紧缩，但通货紧缩并不是一种经济生活的常规现象）；利率水平的下降和科技水平的上升，担保物的价值会出现贬损问题。另外，任何资产都会因为投入使用而出现资产折旧。担保债权人在时间方面作出让步，应该在重整计划带来增加营业收益的同时获得财富上的补偿。

（三）关于无担保债权人的正当损害及测试标准

《企业破产法》第八十七条将次于担保债权人的优先级债权人在异见情

况下的强制裁定标准设为"所列债权将获得全额清偿",其原理依据同上述关于担保债权人的分析一致,不予赘述。我们重点来关注作为普通债权人的无担保债权人的正当权益的损害及其测试标准。《企业破产法》规定,破产重整在普通债权人作为异见者的情况下,强制裁定的前提为普通债权所获得的清偿比例,不低于其在重整计划草案被提请批准时依照破产清算程序所能获得的清偿比例。

1. 地板清算规则测试

需要看到的是,关于作为普通债权人的无担保债权人采用的是地板清算规则,有学者称之为"债权人利益最大化原则",即要求给予无担保债权人不低于清算中所能获得的权益。严格来讲,地板清算规则并非指示法院或破产重整的信托人如何往债权人利益最大化的角度行事,而在于保障债权人的收益底线——即不低于清算所得。

这里的两项衡量指标,一项是重整值,另一项为清算值,更多的是模拟指标。因为我们知道,破产企业并没有实质进入清算,那自然谈不上实质清算值;而一旦采用的是改变资本结构给予债权人期权,该等期权在重整批准阶段,也属于一种对未来预测的模拟值。或者说,这是两项虚拟价值的比较关系。

2. 是否应加入公平、公正规则

地板清算规则测试,在于禁止少数异议的受损无担保债权人之最低正当权益,被多数派(组别多数派或组别内的多数派)的赞成票否决,除非破产重整的信托人得以证明债权人在重整中的收益高于其在清算中的收益。

如果只强调地板清算规则,那么重整计划所带来的一个后果是在向无担保债权人支付的时候(可能只是小部分支付),破产重整公司股权持有者作为后续顺位分配者,依然持有公司的权益,并享受着重整后公司营业带来的财富收益。

对债权人的正当权益的损害,需以公平、公正的方式进行。在绝对优先权或相对优先权所倡导的重整分配顺序中，建立起破产分配的公平、公正标准。如果无担保债权人的分配加入该等标准，那么意味着下一顺位的股权持有者要保留其在重整企业中的权益，那么重整信托人须使无担保债权人获得全额清偿。

3. 在期权中的因素考虑

倘重整计划并未采用出售式重整方式，而是在资本结构中代入了期权作为分配工具且考察相对优先权，那么无担保债权人所获得的期权利益，除了遵守地板清算规则测试外，是否还需要考察时间价值和风险溢价因素？

例如，破产重整债务人计划用10年期期票来偿还无担保债权，按4.65%年率计算分期偿还（与此相对应，担保债权人获得相同还款条件但加入了特定财产的担保）。破产重整的信托人为此提交了清算分析报告来支持其重整计划草案。但是一旦债务人走入清算，无担保债权人将一无所获。

无担保债权需要以何种利率获得补偿，才能获得自重整计划生效之日起价值等于债权允许金额的财产？

倘无担保债权人向破产重整信托人建议，无担保债权的利率应高于有担保债权的利率，其理由是：在不存在异常的情况下，接受长期付款但在发生违约时不能诉诸担保物（抵押不动产或质押动产）的债权人所面临的风险似乎远远大于在整个还款期内持有担保权益的债权人。后者可能会求助于抵押品，而前者只持有一个空洞的支付承诺。

4. 未全额清偿下股东分配的新价值例外

美国朗道船厂案，历经两次集体议决。第一次，无担保债权组反对了信托人提出的重整计划。第二次，重整信托人修改了重整计划，将之设定为无担保债权组获得50%的清偿率，而破产重整的原有股东仍然可以保有股份，前提是原有股东放弃老股，转而认购公司在重整中发行的新股。该次重整计划无担保债权组依然反对，但却获得法院的支持，以强制裁定通过。

该案提出了优先权规则的例外，也就是在无担保组债权人异见且未得到全额清偿的情况下，原有股东却得到了实质性的股权权益这一对优先权制度的突破被称为新价值例外。

（四）原有股东的新价值例外

股东是公司剩余价值的最后的索取者，在破产程序中，他并没有太多机会得以表达意见，甚至不是每一场关于破产重整的集体议决，他都有机会参加。不管是出售式重整，还是资本结构调整带来的重整，原有股东权益都将受到实质性影响。前者，虽然仍保有股权，但却给原有股东留下了不具商业实质的公司；后者，公司实质运营价值虽仍然存在，但其资本将被稀释或者被新资本方扫地出门。无论何种结果，原有股东或在集体议决中行使否决权，或以其他更激进的方式反对重整计划草案，比如信访。

1. 存在着市场竞争的新价值贡献

单纯风险转移的新价值贡献是不获接受的。即使无担保债权人一无所获，破产重整信托人也不可以在重整计划中忽略担保债权人利益，来允许股权持有者保留权益。倘新价值贡献的认定过于宽泛，那么造成的一种结果必然是：原有股东试图通过新价值贡献，保持和避免公开市场上的股权竞争，达到以较低的代价保留其在重整后公司的权益。如果原有股东与潜在投资者在同一竞争市场内以公平竞价实现价高者得的效果，那么由竞价形成的新价值贡献及其对应的权益保留，是可以接受的。

2. 不存在市场竞争的新价值贡献

倘市场上并无潜在竞争者，对资本结构的新价值贡献者仅有原有股东，应如何判断新价值贡献能够匹配对应的权益保留？

在未有法律明文规定下，不论是法官，或者信托人，对待原有股东新价值贡献来获得股权保留这一事项上，是十分谨慎的。

一种对等的原则需要得到重视，即原有股东保留的权益份额需要与贡献的新价值具有相当性或同等性。应该说，关于同等性的要求，良好地平衡了股东和债权人的利益关系。因为股东在获取其保留权益的时候,并不是"插队者",他所获得的利益是在破产后新增加的价值,该等新增加的价值,通过分配方案公平地分配给了其他债权人,其他债权人是获益的。强调同等性,意味着权益的保留与其他债权人的获益具有同等价值。

基于价值的判断,要求股东对破产重整公司的新价值贡献,需是可分配的,或有益于未来重整实施过程中增益于债权人利益分配的。即股东新价值的贡献应是破产重整所必须的,是一种实质性的贡献,而不能是一种虚构、无法强制执行、期待的价值贡献,比如劳务出资或者对未来公司在市场上营销地位的承诺。

总之,原有股东倘为保留权益,所作出的新价值贡献远低于本人应实质付出的,且重整计划又给予原有股东分配利益,那么这个重整计划,对于其他利益相关者而言,是不公平、不公正的。

第六章

司法审查：
角色及原则

一、作为观察者的法官

破产重整是一项高度商业经验和商业判断的司法活动。倘法官以积极之态度介入破产重整司法活动，须先满足两个前提假设：其一，法官具价值判断方面的宏观及微观事实证据的调查权，且完整行使该调查权并获得完整信息；其二，法官具商业判断方面的专业经验，知晓何种方案更有助于协调利益相关者和实现破产重整企业的持续经营利益。

倘上述前提均得以满足，那么我们关于破产重整企业的债权人讨价还价理论、团队生产理论、代理理论及信托人义务的讨论，都是低效的，关于破产重整的法律制度，就有必要推倒重构。然而，这会是真实的吗？

破产重整程序中信托人的商业决定分刚性决定和具备商业判断自由裁量空间的决定两类。前者中较有争议的是不确定概念的具体化问题，这类问题需要寻找事实证据，去判断是或否；后者则不是是与否的问题，而是给予了信托人充分的选择权，信托人应秉持善意，在适当和衡平的原则下行事，以维护破产重整企业的商业价值。

关于破产重整企业是否具有破产重整价值，倘事实证据完备，一旦被认定为不具有重整价值，司法程序必选择清算路径；倘认定为具有重整价值，则司法程序必选择重整路径。

是否具重整价值之判断，要对行业前景、特殊地域优势、可选择适用的税法特殊性待遇溢价、有效投融资环境、社会影响及社区关系等宏观因素进行调查取证；要对资产专属属性、企业资质、人力资源、重整意愿等微观因素深入了解。在虚拟场景下，没有一个完整的、公开的市场可以对企业的重整价值给出一个有效的价值数据。

那么，在没有公开市场、信息不对称，从而需要深入调查才可以捕获价值判断的场景，法官能比信托人更了解重整价值吗？答案是否定的。因此，破产重整中，法官是一位旁观者，通过团队生产协议中要约、承诺、变更、履约等各方当事人活动捕获重整企业信息。

如同其他诉讼案件一样，法官并非信息、专业经验的掌控者，在破产重整司法程序中应保持中立角色。法官首先应作为一个观察者，将破产重整过程中团队生产协议各方当事人的谈判、缔约、博弈所展现的信息和判断的过程完整地纪录下来，运用法律加以引导、疏通、裁决。

二、重整过程中不确定概念的司法审查

首先需要确认的是，不确定概念是一项可以获司法审查的事项。它不同于商业判断的自由裁量空间，就自由裁量下的商业行为本身法官并不能对此作出审查，而只能审查商业行为自由裁量中信托人是否秉持了善意，并遵循了公平、公正和适度原则。

在破产重整中，存在着许多不确定概念。

例如，《企业破产法》第三十三条规定，为逃避债务而隐匿、转移财产的的债务人行为无效。隐匿、转移财产的行为并非必然无效，只有在满足逃避债务的前提下，才能被确认无效。

《企业破产法》第三十六条规定，债务人的董事、监事和高级管理人员利用职权从企业获取的非正常收入和侵占的企业财产，管理人应当追回。如果董事、监事和高级管理人员从企业获得的收入是正常收入，那么管理人无权追回，但如果是非正常收入，则管理人只能实施追回行为，否则管理人便违背了信托义务。

《企业破产法》第七十八条规定，债务人的经营状况和财产状况继续恶化，缺乏挽救的可能性，应当裁定终止重整程序，并宣告债务人破产。经营状况和财产状况继续恶化，缺乏挽救的可能性，就是一种不确定概念。

法官在不确定概念具体化的审查应注意三个方面：第一，概念确定过程中是否存在程序瑕疵，或者信托人是否在具体化的过程中尽到充分的披露义

务；第二，不确定概念具体化中所援引的事实证据的正当性；第三，不确定概念具体化所类推适用的法律规则或交易习惯的正当性。第一个方面属于程序审查，第二个方面属于事实审查，而第三个方面则属于法律审查。

（一）程序瑕疵

信托人需要在不确定概念的具体化过程中，预先披露或说明概念确认所依据的事实证据，以及其所类推适用的法律概念或交易习惯；同时，信托人还需要尊重团队生产成员的合作及参与权利，尊重各利益相关者所提出的反对意见。

如果未尽预先披露或说明义务，或不当剥夺团队生产成员的合作及参与权利，那么该项判断则存在着忽略必要性程序的瑕疵，属于非有效判断行为。

非有效判断行为其根本在于未能使重整的利益相关方充分表达意志，形成了意思与表示不一致。

（二）事实审查

除却程序性瑕疵，法官对不确定概念的具体化审查，属于一种相对刚性的审查，他不会去考虑信托人具体化后据此作出的决定，是否是公平、正义的，是否是适当的，抑或是否具平衡性。因为信托人并没有被赋予商业判断的自由裁量权。他需要在充分调查的基础上，结合调查所获取的事实证据或者类推适用的法律概念或交易习惯，予以具体化多元解释的概念。

因此，关于事实证据的审查就成为司法审查权的重要内容。对事实证据的审查，侧重点在于连接因素，因为一项事实证据的具体化，必然要求该事实证据具有较强的连接性。如果法官确认，信托人提交的事实证据不足以确认与将具体化的概念具有连接性，或者这种连接性相对于其他利益相关者所提供的事实证据的连接性更弱，那么法官要么裁定信托人扩大调查权,发现更加紧密的事实证据,要么推翻信托人提供的事实证据从而采信利益相关者的事实证据。但是,裁定扩大调查权或者推翻信托人提供的事实证据及其带来的对信托人决定的撤销,并不意味着法官可以直接对不确定概念作出具体化的判断。

(三)法律审查

在不确定概念的具体化方面,事实证据的调查是一项重要事由,然而,其所类推适用的法律概念(规则)及交易习惯,也是对多元内容具体化的重要考察因素。法律概念(规则)及交易习惯的援引或类推适用,建立在一个由近及远的适用规则中。具体而言,倘《企业破产法》其他条文对该概念作出解释,则首先应适用《企业破产法》中的概念解释;倘《企业破产法》其他条文并未涉及,则应援引民商法的概念解释;倘民商法未作出该等解释,则再援引行政法及刑法之概念解释;倘上等法律均未作出规范,则应援引交易习惯。拟援引、类推适用的法律概念,本身应是一个确定概念。法官由此作出的审查,就是由近及远的法律适用审查。

三、权利损害及正当利益不当损害的审查

权利和正当权益,均存在着一项获合同或法律确认及保护的利益。

(一)重整权利损害的司法审查

《企业破产法》第四十四条规定,人民法院受理破产申请时对债务人享有债权的债权人,依照本法规定的程序行使权利。第五十九条规定,依法申报债权的债权人为债权人会议的成员,有权参加债权人会议,享有表决权。

由于权利设定了一种直接及实时的保护,从而使利益相关者有权要求

破产重整的信托人作出一个或多个满足其利益的行为,如果出现侵犯利益相关者利益的情况,他有权申请法院救济从而完全实现其利益。

当然,有一些权利,需要前置性要件才可以得到满足。《企业破产法》第四十八条规定,债权人应当在人民法院确定的债权申报期限内向管理人申报债权。债权人逾期申报权利,并不意味着其享有的债权的消灭,而是其债权在破产重整程序里的求偿权受到了限制。因此,这种情况是一种对权利的附条件限制,也就是透过破产重整信托人正当行使的权力——为债权申报设定一个申报期。那么涉及权利设限,法官就需要审查设限的权能是来自法律的规定,还是来自信托人自由裁量。倘来自法律的规定,则符合权利的法定限制,而倘为信托人的自由裁量,则属非法限定权利,应回归到权利无受限状态。

(二)正当利益不当损害的司法审查

破产中的正当利益,虽然是一种实时的合同或法定保护,然而不是直接的而是次要的,破产重整所要达到的团队利益,才是直接被保护的利益,利益相关者不得要求信托人或法院满足其直接索偿金额的利益诉求,只能要求信托人或破产法院不损害之。在信托人违法的情况下,利益相关者不得直接请求法院实现其利益,而仅能请求消除在违法或违约情况下损害其利益的行为。

《企业破产法》第八十二条规定,人民法院在必要时可以决定在普通债权组中设小额债权组对重整计划草案进行表决。设定小额债权组,可能导致的结果有两个:其一,同是普通债权人,可能分配的比率不一致,因为司法实践上有可能据此设定了大额债权组和小额债权组不同的分配比率;其二,分组别表决使表决权通过的概率发生了变化。这些变化虽然并不是直接的,但却间接影响利益相关者的最终分配金额。

在正当权益损害的诉求中,法官据此需要审查如下事项:(1)法律或合同中是否对"正当利益"的损害作出明确限制，信托人是否违背了这些限制；（2）法律或合同中如果没有对"正当利益"的损害作出限制，那么信托人作出这样的限制是否符合公平、公正原则，是否造成了歧视性的损害，损害的结果是否与信托人所欲维护的利益是存在平衡关系。

四、商业裁判自由裁量的司法审查

商业判断规则赋予了信托人自由裁量的空间，也就是信托人具有根据其商业经验选择的空间。这种自由空间下的商业决定，与"不确定概念"具体化后的决定存在着区别。这意味着法官对信托人自由决定空间的审查方法、密度，要区别于不确定概念具体化的审查。

由利益相关者提出来的正当利益的损害审查，是一种被动性司法审查；而基于支持重整计划草案所作出的司法审查，则是建立在破产重整信托人希望法院支持或确认其自由裁量决定的一种主动性的司法审查。

（一）关于公平、公正

公平、公正，是一项混合型判断原则。因而，在具体个案或适用某一类别案件的场景下，公平、公正原则就会演化为一些具体性的原则。

绝对优先权和相对优先权的构建，都是基于公司治理代理成本问题的假设基础上形成的。公司外部投资者（债务提供者）并未能全面获取公司经营的有效信息，存在着信息不对称问题，因此，他们对公司偿还能力的认识建立在抵押品信息确认或者公司经营往来业务存续的判断上。外部资金提供者很难判断所有者及信托人是否在尽其所能的范围内使公司经营成功。

所有者及信托人需要极力向外部资金提供者展示减少代理成本问题的努力，即当公司经营情况变得很糟糕的时候，外部资金提供者可以获取最大的份额，所有者、信托人甚至公司普通的供应商仅在外部资金提供者获得其全额份额时，才可以获取相应的收益和报酬。关于代理成本控制的承诺，是外部资金提供者与公司在达成一项团队生产协议的时候，就已经拟定的约束性条款，它具体演化为外部资金提供者具有公司资产的优先受偿权。

倘若偏离了这一轨道，那么外部资金提供者一开始就不太愿意放贷，这使得公司维持相对较高的融资成本，并最终损害所有者、信托人及供应商的权益。

绝对优先权制度建立在账目结清、价格确定的前置条件上。如果破产重整账目结清、价格确定，那么法官在进行主动性审查的时候，必然需要遵循绝对优先权原则。然而，本书发现，在诸多破产重整的方案选择中，仅有出售式重整可以同时满足账目结清、价格确认这两个前置性条件。这也就意味着法官关于公平、公正的主动性审查，仅在出售式重整场景下适用，才能够遵守绝对优先权原则。

更多时候，破产重整的路径并不是采用出售式重整模式。因为通常以整体营业资产出售的情形中，会陷入价高者得的困境。一方面，市场缺乏流动性，因为相同类型的企业也有很大机会正处于财务困境；另一方面，外行者因为信息"屏蔽"的困扰使他们不敢参与竞买。

遭遇价高者得困境，使更多的破产重整路径采用资本结构变化的方法，通过引入期权工具，改变利益相关者在公司权益的行权日期。这样的分配，建立在模拟分配的基础上，因为各方利益相关者没有办法结清账目、得到具体确定价格。为避免重整陷入无休止的司法估价论辩中，以及信息扭曲和价格扭曲。这些扭曲已经事实上破坏了绝对优先权所欲建立的有序分配顺序。在代入期权的过程中，存在行权、回赎的重整日后事项的安排，也就是重整计划草案为资本结构的未来变化设定利益相关者的分配秩序，该等分配秩序以合同方式，在获得各利益相关者同意或法院支持的场景下实现。从这个角度讲，相对优先权是对绝对优先权的一种优化或改变，它的价值内核是建立在绝对优先权秩序基础上的。对绝对优先权所设定的分配顺序的改变，使得法官在主动性审查过程中，必须发现合同相对性的改变是否造成对绝对优先权的破坏。

（二）关于适度和平衡性的审查

重整计划草案拟定过程中，对利益相关者利益的损害，还需要考察适度和平衡性。法官在接受信托人请求确认的行为后，需要对重整计划草案进行适度和平衡性审查。

适度和平衡性要求，实施一项适当及必要的重整计划草案所被期待的利益，根据实际标准，应优于该措施所带来的成本。在考察平衡性方面，破产法引进了地板清算规则，也就是重整计划草案对利益相关者利益的损害的极限是利益相关者的最低期待利益，倘若越过最低期待利益，那么法官在审查过程中应得出重整计划草案失衡的结论。

在进行地板清算规则测试之前，需要有一个最低期待利益的测算问题，该等测算建立在清算分析的基础上，是一种模拟清算计算。

当然，模拟清算计算是建立在对重整资产池各项宏观和微观信息有效认识的基础上。模拟清算分析这一前置性要件的审查，法官更多地是观察各方关于信息的验证是否充足，以及辩论所引用的参照依据是否得当。

五、重整计划草案的强制批准审查

《企业破产法》第八十七条第二款设定了未通过重整计划草案的表决组拒绝再次表决或者再次表决仍未通过重整计划草案的情况下，债务人或者管理人申请法院批准重整计划草案的条件："（一）按照重整计划草案，本法第八十二条第一款第一项所列债权就该特定财产将获得全额清偿，其因延期清偿所受的损失将得到公平补偿，并且其担保权未受到实质性损害，或者该表决组已经通过重整计划草案；（二）按照重整计划草案，本法第八十二条第一款第二项、第三项所列债权将获得全额清偿，或者相应表决组已经通过重整计划草案；（三）按照重整计划草案，普通债权所获得的清偿比例，不低于其在重整计划草案被提请批准时依照破产清算程序所能获得的清偿比例，或者该表决组已经通过重整计划草案；（四）重整计划草案对出资人权益的调整公平、公正，或者出资人组已经通过重整计划草案；（五）重整计划草案公平对待同一表决组的成员，并且所规定的债权清偿顺序不违反本法第一百一十三条的规定；（六）债务人的经营方案具有可行性。"

也就是说，《企业破产法》第八十七条第二款设定了司法强制批准通过重整计划草案的前置性要件。但是，与其说是批准，不如说重整计划草案在内容上通过了法官的司法审查。

（一）什么是强制批准

法官对重整计划草案的强制批准，并不是非合意基础上的司法拟制同意，也不是对当事人谈判困境的拟制同意。从团队生产理论角度看，法官对重整计划草案的司法审查，是对重整计划草案是否体现团队生产协议根本目的的解读，是对利益相关者最低期待利益的保护，是对团队生产协议中租金及利润分配条款修正过程中出现异见者时的司法引导。毋庸置疑，在这样的关系里，法官秉持的是中立者和观察者的角色。

（二）强制批准的前置性审查事项

重整计划草案的形成过程大致经过如下程序：（1）利益相关者提起破产重整申请；（2）信托人（可能是管理人）负担起对破产重整企业的信托义务；（3）信托人通过利益相关者申报利益确认债权；（4）信托人通过调查发现破产重整企业的资产属性及宏观经济环境，并与潜在投资者接触；（5）通过信息调查，信托人得出清算抑或重整的建议；（6）一旦确认走重整程序，信托人通过商业自由裁量拟定重整计划草案；（7）重整计划草案交由利益相关者集体议决；（8）信托人根据情形将重整计划草案提交法院请求批准确认。

可以说，重整计划草案的形成需要历经法律所要求的正当程序。倘程序瑕疵，则可能出现如下几个方面的实体问题：（1）信托人滥用调查权和信托权；（2）信托人对利益相关者的权利作出非法侵犯或对利益相关者的正当权益作出不当损害；（3）信托人滥用其商业判断的自由裁量权。

（三）司法批准构成要件的审查

从判例的角度看，法官支持重整计划草案的理由并不是统一的，那么到底哪些才是法官的司法审查因素？一份重整计划草案获司法审查得以确认，须考察如下事项。

1. 可行性审查

《企业破产法》第八十七条第二款第六项规定了重整计划草案须具有可行性，才具有强制批准的条件。鉴于《企业破产法》并未对可行性的审查标准界定细化准则，以下试图论述之。

重整计划草案的可行性至少意味着两件事：（1）重整计划草案是可行的，即债权人将得到计划中所承诺的给付或期权；（2）一旦重整计划草案生效，公司至少尽可能存续经营的。破产重整企业的生存能力意味着，作为选择适用重整计划草案的先决条件，重整信托人需要确定该草案不太可能随后进行清算，或不需要进一步的财务重组。这是一种二次破产预测。重整计划草案的起草者，需要就可行性建议提供举证责任。

关于企业二次破产清算或财务重组的预测，现行采用财务指标加公司治理指标的综合模型进行验证。模型数据的多样性，造成一种结果是，信托人在分析二次破产预测模型时，不可能详尽地获取各方指标。虽然经过了数据指标综合模型分析，但数据的多元性使信托人需要在商业判断的空间内采集数据，这就意味着他需要在预测性的数据指标内进行判断。因此，就预测本身，法官无法进行审查。但是法官可以在几个方面提出质疑：（1）预测性数据是否是真实有效的，是否存在着相反的数据；（2）信托人所举证的预测性数据与其作出的可行性结论是否存在着密切的连接性，若仅是一项间接性的连接因素，是否可以得出可行性的结论；（3）既然可行性是一种自由裁量的事项，那么该预测性数据是否会公平地对待重整的各利益相关者，并构成了团队合同之根本目的——企业持续经营。

2. 最低限度接受

《企业破产法》第八十四条所设定的组别通过标准为人数标准加资本额标准，具体是：出席会议的同一表决组的债权人过半数同意重整计划草案，并且其所代表的债权额占该组债权总额的三分之二以上，即该组通过重整计划草案。但是在《企业破产法》第八十七条并未对可接受的强制批准的非异见组的最低限度作出规定，仅规定了"部分表决组未通过重整计划草案的……"部分组别没有通过，表达两层意思：（1）有组别通过，至少一组；（2）并非全部通过。但是，需要有多少组通过，《企业破产法》并没有细述。根据司法实践，破产重整的组别一般有：（1）担保债权人组；（2）职工组；（3）税务组；（4）大额普通债权人组；（5）小额普通债权人组；（6）权益组。

笔者认为，破产重整计划草案强制批准最低限度接受的司法审查条件应设定为：（1）倘担保债权人组得以全额清偿，则至少有一个利益受影响的组通过（即使担保债权人组未获通过）；（2）倘担保债权人组并未得到全额清偿，则至少有担保债权人组通过。

当然，上述对担保债权人组全额清偿的审查，并不必然是全额的担保债权金额的清偿，而是与特定财产关联的全额清偿。

3. 异见者最低期待利益审查

异见者包含了两种：一种是组别异见者；另一种是通过的组别内的反对者。《企业破产法》第八十七条的异见者最低期待利益审查，指的是组别异见者。

异见者最低期待利益审查，主要审查四个组别，分别是：(1) 担保债权组；(2) 次级优先权组（指职工及税务债组别）；(3) 普通债权人组；(4) 权益组。只不过，《企业破产法》第八十七条并未对权益组设定最低期待利益审查。破产重整程序将重整计划草案中关于重整方式的选择权赋予信托人，由其依据商业判断的自由裁量权来作出决定。

（1）担保债权组的最低期待利益审查

担保债权组的最低期待利益的考察分为全额清偿考察与延期清偿的公平补偿考察。

全额清偿考察并不是考察担保债权的金额偿还，而是考察担保债权与特定担保财产的连结金额，只有担保财产清算所得的金额才属于担保债权与担保财产连结的金额，只要连结金额得到偿付，就可以确认担保债权人得到全额清偿。

全额清偿对连结金额的清偿，是建立在即时清偿的假设基础上的。但是，破产法对担保债权人的最低期待利益还确立了另外一个非即时清偿的考察标准，即因延期清偿所受的损失将得到公平补偿，并且其担保权未受到实质性损害，也就是延期清偿的公平补偿考察。

延期清偿需要考虑担保债权人关心的清偿额的时间价值及风险溢价补偿问题。因为时间会带来通货膨胀现象，利率水平的下降，依然作为担保物的财产存在折旧及价值贬损问题。担保债权人在时间方面所作的让步，应该在重整计划带来营业收益的同时获得财富上的补偿。

（2）普通无担保债权人组的最低期待利益审查

普通无担保债权人组的最低期待利益考察的是地板清算规则，当即要求给予普通的无担保债权人不低于清算中所能获得的权益。普通无担保债权人组的地板清算规则，并非要求其债权得到全额清偿，即使其未获全额清偿的状况下，权益组保留了权益份额，也不应视为违背了最低期待利益考察，因为普通无担保债权人组的地板清算规则，并非是一种最大化利益的指引。当然，倘在普通无担保债权人组未获全额清偿的状态下权益组得以保留权益份额，需要有一个新价值贡献的考察。

地板清算规则测试，要求加入时间价值考察，但在地板清算规则下，倘若无担保债权人一无所有，则不应加入风险溢价考察。但是，如果分配给普通无担保债权人的期权工具金额包含或超过了地板清算规则所设定的金额，则法官关于风险溢价的考察应分为两种：其一，地板清算规则所设定的金额的风险溢价应超过担保债权人所考察的风险溢价；其二，超过地板清算规则所设定的金额的部分，不应考虑任何的风险溢价。

（3）原有股东的最低期待利益审查

法官对原有股东的最低期待利益考察，需要区分有市场竞争和无市场竞争两种状态。

在有市场竞争状态下，如果原有股东与潜在投资者在同一竞争市场内以公平竞价并获得价高者得的效果，那么由竞价形成的新价值贡献及其对应的权益保留，是可以接受的。

在无市场竞争状态下，法官需要考察原有股东保留的权益份额与贡献的新价值具有相当性或同等性。股东在获取其保留权益的时候，并不是作为"插队者"来获取利益。相反，他所获得的利益是在破产后新增加的价值，并通过分配方案公平地分配给其他债权人，其他债权人是获益的。强调同等性，意味着权益的保留与其他债权人的获益具有同等价值。

4. 优先权原则遵守的审查

《企业破产法》第八十七条要求审查重整计划草案是否公平对待同一表决组的成员，并且其所规定的债权清偿顺序不违反绝对优先权的分配规则。

法官在作绝对优先权司法考察时，要按照《企业破产法》第一百一十三条所设定的先后顺序进行分配。

但不管怎样，绝对优先权规则产生了一定的缺失，在实施中也造成了优先权较高的组别和劣后级组别之间的紧张关系。

绝对优先权的适用仅于破产重整企业账目结清、价格确定始可适用。因此，对绝对优先权的司法考察，应适用于出售式重整模式中。

既然不存在资本结构的变化，那么出售式重整也不存在原有股东的新价值贡献。故而，在出售式重整模式中，绝对优先权的优化，需要严格遵循优先和劣后秩序的分配关系，若不同意的优先级组别未得到完全清偿，那么排序其后的组则不应得到任何清偿。

然而，更多的重整模式并非基于出售式重整作出，而是基于资本结构中引入期权的概念，使各权益组的行权期推后以实现重整企业的可持续经营。由于期权行权及赎回属于合约选择权问题，因此，对优先劣后等级分配的司法考察，应许可各组别之间通过合约关系改变行权期和赎回期，也就是以一种合约、是相对性的方式实现绝对优先权的遵守，这种遵守的价值内核或实际经济效果依然是构建在绝对优先权的分配秩序上的，只不过在某个时段内的分配效果被合约的相对性所改变，这也是我们所认可的相对优先权规则。那么，法官在强制批准的司法审查中，应该接受这样的合约相对性安排，但需要对合约相对性的经济实质是否与绝对优先权所形成的一致进行比对，如果总体一致则予以通过，如果差别较大，则视当事人的选择不予强制性批准。

结论与建议

　　正本清源。本书认为,玛格丽特·布莱尔和琳恩·斯托特教授的团队生产理论,在中国特定的破产重整制度的语境下仍然具有基础理论的价值意义。导源于非破产法的债权人讨价还价理论,将破产重整局限于公司资产池的分配秩序上,具有天然的缺陷。亦即它将公司代理制度中人与人、人与物的关系局限在物化的侧面,仅侧重于人与物的关系,从而忽略了破产重整中人与人的关系,这样的理论基础是不可取的。

　　基于团队生产理论,本书认为,关于公司的可持续经营、租金及利润等物化分配,构建于或者默示地嵌入了公司成立之初的团队生产协议中。基于此,本书建议修改《企业破产法》第七十条及七十一条关于法官裁定破产重整程序的规定,破产企业进入破产重整程序,不应通过向法院申请裁定走重整程序的方式,而应赋权以破产重整的管理人或债务人或债权人委员会(即破产重整公司的信托人),以不确定概念具体化的形式走清算程序或重整程序。在具体选择路径方面,信托人须确定破产企业不具有重整价值,才可以进入破产清算程序,否则重整程序应是破产企业的一般选择路径。

　　本书强调破产重整信托人在破产重整中信托行为的主导性,认为应侧重理解不确定概念的具体化行为及商业判断的自由裁量行为。法官可以对这两项行为作出审查,但存在着不同的审查空间。

　　对于不确定概念具体化的司法审查,法官需要对信托人概念具体化是否存在程序瑕疵、是否存在事实证据连结因素或强烈连结性以及是否正当援引法律概念、交易规则等方面作出审查。

对信托人的商业判断自由裁量决定，法官则不可采用不确定概念具体化中的司法审查要点，应审查该自由裁量决定是否公平、公正，且符合平衡性要求。

两项审查行为的区别，也关涉利益相关者重整权利非法损害与正当权益不当损害的审查分野。关于重整权利非法损害，法官重点考察法律规定是否对利益相关者权利作出限制，信托人对其限制是否在法律规定的框架内行使。对于利益相关者正当利益的正当损害，则属于价值维系中的商业判断问题，属于信托人的自由裁量空间，因此，法官对该问题的审查，如同对自由裁量决定的审查，需要考察行为是否公平、公正，且符合平衡性要求。

这些积极性或消极性的司法考察，构成了法官在决定一项重整计划草案能否得到强制批准的前置性条件。本书建议，《企业破产法》第八十六条第二款"人民法院经审查认为符合本法规定的，应当自收到申请之日起三十日内裁定批准，终止重整程序，并予以公告"的规定，应适度微调为"人民法院经审查认为，重整行为并未侵害利益相关者合法权利，并未不当地损害利益相关者正当权益且符合本法规定的，应当自收到申请之日起三十日内裁定批准，终止重整程序，并予以公告"；《企业破产法》第八十七条第三款"人民法院经审查认为重整计划草案符合前款规定的，应当自收到申请之日起三十日内裁定批准，终止重整程序，并予以公告"的规定，应适度微调为"人民法院经审查认为，重整行为并未侵害利益相关者合法权利，并未不当地损害利益相关者正当权益且重整计划草案符合前款规定的，应当自收到申请之日起三十日内裁定批准，终止重整程序，并予以公告"。

待前置性条件得以满足后，经管理人或债务人的申请，破产重整程序进入法官强制批准审查阶段。

本书认为，在强制批准审查阶段，法官应基于观察者的角度去理解重整计划草案，从团队生产理论出发，重点审查重整计划草案是否体现团队生产协议的可持续经营的根本目的，是否维护利益相关者最低期待利益，是否需要对重整计划草案中对租金及利润分配条款作出司法引导。

基于上述考察，本书认为，司法强制批准应同时符合以下几个方面：(1)可行性测试；(2)最低限度接受测试；(3)异见者的最低期待利益测试；(4)优先权原则遵守测试等内容。

关于可行性测试。本书认为，《企业破产法》所设定的可行性测试未规定测试范围、举证责任等，有可能导致法官代行信托人职责直接参与测试。可行性测试应构建在信托人自由裁量审查的基础上，由信托人提出自由裁量所依据的数据范围并承担举证责任。

关于最低限度接受测试。本书认为，破产重整计划草案强制批准司法审查的目的之一是使司法行为引导重整企业的租金及利润分配。如果租金及利润分配的基础——特定财产不具有分配的属性，这就会引发起对重整计划实施的可行性的忧虑。因此，构建于特定财产分配属性基础上的担保债权人组的意见成了最低限度接受测试的关键。笔者建议，应设定两种最低限度接受标准：(1)倘担保债权人组得到全额清偿，则至少有一个利益受影响的组通过（即使担保债权人组未获通过）；(2)倘担保债权人组并未得到全额清偿，则至少有担保债权人组通过。

关于异见者的最低期待利益测试。本书重点将异见者分组为担保债权组、普通无担保债权组及权益组（出资人组）三类进行分析。于担保债权组，应作全额清偿测试，但建议法律将全额清偿测试中的金额限定为与特定担保财产属性在清算分析中所获的金额；对于担保债权组在延期清偿下的公平、公正考察，建议法律细化测试标准，加入清偿额的时间价值与风险溢价补偿因素。于普通无担保债权组，应坚持地板清算规则，但应允许下一顺位分配主体在新价值贡献的前提下，不必强调普通无担保债权组的全额清偿的利益期待。同时，笔者认为，无担保债权组的期权工具的金额考察，应区分为清算现值金额与超过清算现值金额，两者均需考察时间价值，但只有清算现值金额才需要考察风险溢价，且该等风险溢价应超过担保债权人组的风险溢价比率。

  关于优先权原则遵守测试。笔者认同绝对优先权制度的价值意义，法律应允许当事人通过重整合约的规定，以相对性的方式改变在某一个时段分配的先后秩序，其最终的经济效果考察应与绝对优先权分配秩序无异。

  另外，笔者建议，《企业破产法》第八十七条第二款"未通过重整计划草案的表决组拒绝再次表决或者再次表决仍未通过重整计划草案，但重整计划草案符合下列条件的，债务人或者管理人可以申请人民法院批准重整计划草案"微调为"未通过重整计划草案的表决组拒绝再次表决或者再次表决仍未通过重整计划草案，债务人或者管理人在尊重利益相关者异议的基础上举证认为重整计划草案符合下列条件的，债务人或者管理人可以申请人民法院批准重整计划草案"。主要目的在于，使我国的破产重整制度从行事风格上由法院主导型转化为尊重利益相关方团队协议的履行、修订上，由法院强制性行为转化为破产信托人信托行为。长期来看，这种主导方向的逐步确立，将构建起一种团队生产合约的动态适用状态。笔者希冀以小见大，对我国破产重整制度理论与实践的反思与完善有所裨益。

附件1. 本书引用的60宗司法案例

1.（2016）闽02民破01号案
2.（2020）闽02破199号案
3.（2020）闽02破200号案
4.（2020）闽05破21号案
5.（2020）闽03破2号案
6.（2020）闽0481破1号案
7.（2019）闽0503破1号案
8.（2019）闽0503破2号案
9.（2019）闽0581破1号案
10.（2019）闽02破9号案
11.（2019）闽0921破1号案
12.（2019）闽04破2号案
13.（2019）闽0121破1号案
14.（2019）闽0128破1号案
15.（2018）闽04破11号案
16.（2018）闽02破18号案
17.（2018）闽02破19号案
18.（2018）闽04破1号案
19.（2018）闽05破4号案
20.（2018）闽0502破1号案

21.（2018）闽 0502 破 2 号案
22.（2018）闽 01 破 1 号案
23.（2017）闽 05 破 5 号案
24.（2017）闽 05 破 4 号案
25.（2017）闽 0105 破 4 号案
26.（2017）闽 0583 破 1 号案
27.（2017）闽 0426 破 1 号案
28.（2017）闽 02 破 5 号案
29.（2017）闽 02 破 6 号案
30.（2017）闽 02 破 10 号案
31.（2017）闽 02 破 11 号案
32.（2017）闽 02 破 12 号案
33.（2017）闽 02 破 13 号案
34.（2017）闽 02 破 14 号案
35.（2017）闽 02 破 15 号案
36.（2017）闽 02 破 16 号案
37.（2017）闽 02 破 7 号案
38.（2017）闽 02 破 8 号案
39.（2017）闽 02 破 9 号案
40.（2016）闽 0102 破 2 号案
41.（2016）闽 0481 民破 1 号案
42.（2020）闽 0102 民破 2 号案
43.（2016）闽 0502 破 1 号案
44.（2016）闽 0583 民破 2 号案
45.（2016）闽 05 破 2 号案
46.（2016）闽 05 破 3 号案

47.（2016）闽 0582 民破 2 号案
48.（2016）闽 0102 民破 3 号案
49.（2016）闽 0102 民破 4 号案
50.（2016）闽 01 民破 10 号案
51.（2016）闽 05 民破 7 号案
52.（2016）闽 05 民破 4 号案
53.（2016）闽 0502 民破 1 号案
54.（2016）闽 0603 民破 1 号案
55.（2016）闽 05 民破 1 号案
56.（2016）闽 05 民破 2 号案
57.（2016）闽 0102 民破 1 号案
58.（2015）泉民破字第 1 号案
59.（2014）延民破字第 1 号案
60.（2014）南民破字第 1 号案

参考文献

一、中文期刊及学位论文

1.高丝敏.重整计划强裁规则的误读与重释［J］.中外法学，2018（1）.

2.李曙光，贺丹.破产法立法若干重大问题的国际比较［J］.政法论坛，2004（5）.

3.陈英.美国重整立法的利益倾向与启示［J］.南阳师范学院学报，2009（8）.

4.常琳.破产重整计划批准制度的价值与运用：以中美立法制度为比较［J］.四川理工学院学报（社会科学版），2010（5）.

5.傅穹，王欣.破产债务人财产制度的法律解释［J］.社会科学研究，2013（5）.

6.韩长印.简论破产重整计划表决的信息披露机制：以美国法为借鉴［J］.人民司法，2015（1）.

7.宋玉霞，李政印，周迈.论"出售式重整"模式的美国经验和本土实践［J］.现代管理科学，2018（1）.

8.陈熹.金融交易改变破产重整债权人的利益格局：以美国破产法重整制度为例分析［J］.上海金融，2018（4）.

9.王欣新，徐阳光.破产重整立法若干问题研究［J］.政治与法律，2007（1）.

10. 汪世虎.重整计划与债权人利益的保护［J］.法学，2007（1）.

11. 汪世虎.法学视野的多方利益平衡与公司重整［J］.重庆社会科学，2008（3）.

12. 雷兴虎，刘浩然.论司法权介入重整视角下的债权人利益保护［J］.政法学刊，2017（3）.

13. 王欣新，宋玉霞.重整计划强制批准法律问题研究［J］.江汉论坛，2014（10）.

14. 侯晶.上市公司破产重整价值判断研究［J］.新会计，2016（10）.

15. 栾甫贵，侯晶.上市公司破产重整价值判断体系的探讨［J］.北京工业大学学报（社会科学版），2017（4）.

16. 吴长波，梁宵，李姿萱.困境企业重整价值的识别［J］.菏泽学院学报，2020（6）.

17. 任永青.绝对优先原则与我国破产法的缺失［J］.河北法学，2011（10）.

18. 邹海林.法院强制批准重整计划的不确定性［J］.法律适用，2012（11）.

19. 张海征，王欣新.论法院强制批准重整计划制度之完善［J］.首都师范大学学报（社会科学版），2014（4）.

20. 武卓.我国重整计划强制批准制度的完善路径［J］.中国政法大学学报，2017（3）.

21. 张钦昱.论公平原则在重整计划强制批准中的适用［J］.法商研究，2018（6）.

22. 佐哈·戈申，理查德·斯奎尔.被代理人成本：公司法与公司治理的新理论（上）［J］.林少伟，许瀛彪，译.交大法学，2017（2）.

23. 尹建国.不确定法律概念具体化的模式构建：从"唯一正确答案"标准到"商谈理性"诠释模式［J］.法学评论，2010（5）.

181

24. 周孝华，唐健，陈娅莉. 创业板公司估值模型研究［J］. 经济与管理研，2009（8）.

25. 宋佳莹，翟志淳，李其珂. 基于中国A股市场与美国纳斯达克市场估值比较分析［J］. 焦作大学学报，2020（4）.

26. 王池. 法际交集中的重整企业所得税：理论协调与制度重构［J］. 法学评论，2020（6）.

27. 钱敏. 壳资源的价值评估：基于A股IPO的制度成本分析［J］. 时代金融，2017（26）.

28. 王娜. 探讨知识经济时代下人力资源价值评估［J］. 价值工程，2018（11）.

29. 卡尔－埃博哈特·海因. 不确定法律概念和判断余地：一个教义学问题的法理思考［J］. 曾韬，译，财经法学，2017（1）.

30. 李志强. 关于我国破产重整计划批准制度的思考：以债权人利益保护为中心［J］. 北方法学，2008（3）.

31. 李秉成，宋若兰，王秋艳. 企业破产预测的财务与公司治理关键指标研究：《破产预测中的财务比率与公司治理指标：一项综合研究》导读［J］. 财会通讯，2020（13）.

32. 郑晓剑. 比例原则在民法上的适用及展开［J］. 中国法学，2016（2）.

33. 王虹霞. 司法裁判中法官利益衡量的展开：普通法系下的实践及其启示［J］. 环球法律评论，2016（3）.

34. 王志苹. 美国《1978年破产改革法》研究［D］. 上海：华东政法大学，2020.

35. 付立新. 破产重整DIP模式中管理人监督权的信托法解构［J］. 银行家，2019（9）.

36. 韩长印. 债权人会议制度的若干问题［J］. 法律科学. 西北政法学院

学报，2000（10）.

37. 谢小英. 债权人会议法律制度研究［J］. 当代法学论坛，2009（4）.

38. 闻长智，李力. 对上市公司破产重整程序中股东权益调整的思考［J］. 中国审判，2010（6）。

39. 赵泓任. 企业破产重整计划可行性的法律分析［J］. 法学杂志，2010（6）.

二、英文期刊及学位论文

1. Jackson, T. H.（1982）. Bankruptcy, non-bankruptcy entitlements, and the creditors' bargain. The Yale Law Journal,（5）.

2. Jackson, T. H., Scott, R. E., Eisenberg, T., & Roe, M. J.（1989）. On the nature of bankruptcy: An essay on bankruptcy sharing and the creditors' bargain; commentary: Bankruptcy and bargaining; commentary: Bankruptcy, priority, and economics. Virginia Law Review,（2）.

3. Baird, D. G., & Rasmussen, R. K.（2002）. The end of bankruptcy. Stanford Law Review,（3）.

4. Baird, D. G., & Rasmussen, R. K.（2003）. Chapter 11 at twilight. Stanford Law Review,（3）.

5. Blair, M. M., & Stout, L. A.（1999）. A team production theory of corporate law. Corporate Practice Commentator,（2）.

6. LoPucki, L. M.（2004）. A team production theory of bankruptcy reorganization. Vanderbilt Law Review,（3）.

7. Jensen, M.C., Meckling,W.H., Theory of the firm: Managerial behavior, agency costs and ownership structure. Journal of Financial Economics, 1976,（4）.

8. Daigle, K. H., & Maloney, M. T.（1994）. Residual claims in bankruptcy:

An agency theory explanation. Journal of Law and Economics,(1).

9. Li, D. D., & Li, S.(1999). An agency theory of the bankruptcy law. International Review of Economics & Finance,(1).

10. Schwartz, A.(2005). A normative theory of business bankruptcy. Virginia Law Review,(5).

11. Skeel,DavidA.,,Jr.(1994). Rethinking the line between corporate law and corporate bankruptcy. Corporate Practice Commentator,(3).

12. Douglas G. Baird, The Hidden Values of Chapter 11: An Overview of The Law and Economics of Financially Distressed Firms.

13. Lipson, J. C..(2008). Failure's futures: controlling the market for information in corporate reorganization.

14. Lipson, J. C.(2009). Beware of shadow bankruptcy. The National Law Journal,(41).

15. Baird, D. G.(2017). Bankruptcy's quiet revolution. The American Bankruptcy Law Journal,(4).

16. Baird, D. G., & Picker, R. C.(1991). A simple noncooperative bargaining model of corporate reorganizations. Journal of Legal Studies,(2).

17. Lipson, J. C.(2007). The expressive function of directors' duties to creditors. Stanford Journal of Law, Business & Finance,(2).

18. Baird, D. G., & Rasmussen, R. K.(1999). Boyd's legacy and blackstone's ghost. Supreme Court Review.

19. Baird, D. G., & Rasmussen, R. K.(2001). Control rights, priority rights, and the conceptual foundations of corporate reorganizations. Virginia Law Review, (5).

20. Baird, D. G., & Bernstein, D. S.(2006). Absolute priority, valuation uncertainty, and the reorganization bargain. The Yale Law Journal,(8).

21. Bebchuk, L. A. (2001). Ex ante costs of violating absolute priority in bankruptcy. The Journal of Finance, (1).

22. Baird, D. G. (2017). Priority matters: absolute priority, relative priority, and the costs of bankruptcy. University of Pennsylvania Law Review, (4).

23. Adler, B. E., & Ayres, I. (2001). A dilution mechanism for valuing corporations in bankruptcy. The Yale Law Journal, (1).

24. Adler, B. E., & Triantis, G. (2017). Debt priority and options in bankruptcy: A policy intervention. The American Bankruptcy Law Journal, (3).

25. Baird, D. G. (1998). Bankruptcy's uncontested axioms. The Yale Law Journal, (3).

26. Jackson, T. H. (1987). Jackson, thomas H. the logic and limits of bankruptcy law // review. The Canadian Business Law Journal, (2).

27. Baird, D. G. (2006). Legal approaches to restricting distributions to shareholders: The role of fraudulent transfer law. European Business Organization Law Review, (1).

28. Baird, D. G. (2006). Loss Distribution, Forum Shopping, and Bankruptcy: A Reply to Warren, The University of Chicago Law Review, (1).

29. Margaret M.Blair& Lynn A.Stout (2001), Director Accountability and the Mediating Role of the Corporate Board, 79 WASH.U.L.Q.403.

30. Alchian, A. A., &Demsetz, H. (1972). Production, information costs, and economic organization. The American Economic Review, (5).

31. Blair, M. M., & Stout, L. A. (1999). Team production in business organizations: An introduction. Journal of Corporation Law, (4).

32. Bainbridge, S. M. (2003). Director primacy: The means and ends of corporate governance: [1]. Northwestern University Law Review, (2).

33. Liu, S. (2005). Corporate governance and development: The case of

china: MDE. Managerial and Decision Economics, (7).

34. Bebchuk, L. A., & Guzman, A. T. (1999). An economic analysis of transnational bankrupticies. Journal of Law and Economics, (2).

35. Karen Gross (1994), Taking Community Interests into Account in Bankruptcy: An Essay, Washington University Law Quarterly, (1).

36. Thomas H. Jackson & Robert E. Scott (1989), An Essay on Bankruptcy sharing and the Creditor's Bargain, Virginia Law Review, (1).

37. Jackson, T. H. (1984). Avoiding powers in bankruptcy. Stanford Law Review, (2).

38. Warren, E. (1993). Bankruptcy policymaking in an imperfect world. Michigan Law Review, (2).

39. Mann, R. J. (1995). Bankruptcy and the entitlements of the government: Whose money is it anyway? New York University Law Review, (5).

40. Nathalie D Martin (1998), Noneconomic Interests in Bankruptcy: Standing on the Outside Looking In, The Ohio State University Law Review, (1).

41. Clement, L. A. (2015). A study on bankruptcy crime prosecution under title 18: is the process undermining the goals of the bankruptcy system? Emory Bankruptcy Developments Journal, 31 (2).

42. LoPucki, L. M. (2001). Can the market evaluate legal regimes? A response to professors rasmussen, thomas, and skeel. Vanderbilt Law Review, (2).

43. LoPucki, L. M., & Whitford, W. C. (1993). Corporate governance in the bankruptcy reorganization of large, publicly held companies. University of Pennsylvania Law Review, (3).

44. Baird, D. G. (1986). The uneasy case for corporate reorganizations. Journal of Legal Studies, 15 (1).

45. White, M. J. (1989). The corporate bankruptcy decision. The Journal of

Economic Perspectives,（2）.

46. Yin-Hua Yeh, &Woidtke, T.（2005）. Commitment or entrenchment? Controlling shareholders and board composition. Journal of Banking & Finance,（7）.

47. Berkman, H., Cole, R. A., & Fu, L. J.（2009）. Expropriation through loan guarantees to related parties: Evidence from china. Journal of Banking & Finance,（1）.

48. Liang, D., Lu, C., Tsai, C., & Shih, G.（2016）. Financial ratios and corporate governance indicators in bankruptcy prediction: A comprehensive study. European Journal of Operational Research,（2）.

49. Warren, E., Miller, H. R., & al, e.（1991）. A theory of absolute priority: Comment/Reply. Annual Survey of American Law,（1）.

50. Roe, M. J.（1983）. Bankruptcy and debt: A new model for corporate reorganization. Columbia Law Review,（83）.

51. Casey, A. J., & Simon-Kerr, J.（2015）. A SIMPLE THEORY OF COMPLEX VALUATION. Michigan Law Review, 113（7）.

52. Shleifer, A., &Vishny, R. W.（1992）. Liquidation values and debt capacity: A market equilibrium approach. The Journal of Finance,（4）.

53. Robert C. Clark（1981）, The Interdisciplinary Study of Legal Evolution, Yale Law Journal,90.

54. Tung, F.（2009）. Leverage in the board room: the unsung influence of private lenders in corporate governance. UCLA Law Review,（1）.

55. Lipson, J. C.（2018）. The secret life of priority: corporate reorganization after jevic. Washington Law Review,（2）.

56. Mann, R.（2015）. The logic of blanket liens: asset-based financial services industry. The Secured Lender,（3）.

57. Tiwari, S., & Patel, B.（2018）. A study on black and scholes option pricing model for selected companies. Global Journal of Research in Management,（1）.

58. Schwartz, A. (1999). Bankruptcy contracting reviewed. The Yale Law Journal, (2).

59. Zhou, Q., Jiao-jiao, Y., & Wei-xing, W. (2019). Pricing vulnerable options with correlated credit risk under jump-diffusion processes when corporate liabilities are random. Acta MathematicaeApplicataeSinica, (2).

60. Rauh, J. D., & Sufi, A. (2010). Capital structure and debt structure. The Review of Financial Studies, (12).

61. Baird, D. G. (2015). Chapter 11's Expanding Universe, Temple University Law Review, 87.

62. Fisher, T. C. G., & Martel, J. (2007). Does it matter how bankruptcy judges evaluate the creditors' best-interests test? The American Bankruptcy Law Journal, (4).

63. Bebchuk, L. A. (1988). A new approach to corporate reorganizations. Harvard Law Review, (4).

64. Nathan, B. S., & Cargill, S. (2012). KB toys: Risk allocation in bankruptcy claims trading. American Bankruptcy Institute Journal, (9).

65. Black, F., & Scholes, M. (1973). The pricing of options and corporate liabilities. The Journal of Political Economy, (3).

66. Katz, O. W. (1995). Valuation of secured claims in a bankruptcy reorganization: Eating with the hounds and running with the hares (1). Commercial Law Journal, (3).

67. Howell-Smith, L. (2008). Just in time for the economic downturn-proposed regulations on S corporation reduction of tax attributes under code sec 108 (b). Journal of Passthrough Entities, (6).

68. Jocelyn Martel (2003), The information Content of Financial Reorganization Contracts, Revue Finance, 28.

69. Kenneth N.Klee.（1995），Adjusting Chapter 11：Fine Tuning the Plan Process, American Bankruptcy Law Journal,69.

70. Merton, R. C.（1974）. On the pricing of corporate debt-the risk structure of interest-rates. The Journal of Finance,（2）.

71. Longstaff, F. A., & Schwartz, E. S.（1995）. A simple approach to valuing risky fixed and floating rate debt. The Journal of Finance,（3）.

72. Basil, B. A.（1996）. The new value exception to absolute priority in bankruptcy. Commercial Law Journal,（3）.

73. Francois, P., &Morellec, E.（2004）. Capital structure and asset prices: Some effects of bankruptcy procedures. The Journal of Business,（2）.

74. Weiss, L. A.（1990）. Bankruptcy resolution：Direct costs and violation of priority of claims. Journal of Financial Economics,（2）.

75. LoPucki, L. M.（2003）. The nature of the bankrupt firm: a response to baird and rasmussen's. Stanford Law Review,（3）.

76. Hamid,Tavakolian,Bankruptcy：AnEmergingCorporate Strategy, SamAdcancedMangement Journal, Spring 1995.

77. Douglas G. Baird and Thomas H. Jackson, Bargaining after the Fall and the Contours of Absolute Priority Rule, 55. U.Chi.L.Rev,（1988）.

78. Douglas G. Baird and Robert K. Rassumssen, Chapter 11 at Twlight, 56 Stan.L.Rev.（2003）.

79. David Arthur Skeel. Jr. The Nature and Effect of Corporate Voting in Chapter 11 Reogranization Cases, 78 Va. L.Rev.,（1992）.

80. Lynn M. Loucki, The Myth of the Residual Owner：An Empirical Study, 82 Wash.U.L.Q,（2004）.

81. William A. Klein and John C. Coffee Jr., Business Organization and Finance-Legal and Economic Principles, Tenth Edition, Foundation Press, 2007.

82. UK. Companies Act of 2006（C.46）, Part10-A Company's Directors Chapter 2-Genenral Duties of Directors Section,（1）.

83. Skeel D A . Rediscovering Corporate Governance in Bankruptcy［J］. Temple Law Review, 2015.

三、中文著作及译著

1. 汪世虎．公司重整中的债权人利益保护研究［M］．北京：中国检察出版社, 2006.

2. 戴维·拉克尔，布莱恩·泰安．公司治理：组织视角［M］．严若森，钱晶晶，陈静，译．北京：中国人民大学出版社, 2018.

3. 卡尔·恩吉施．法律思想导论［M］．郑永流，译．北京：法律出版社, 2014.

4. 马沙度．法律及正当论题导论［M］．黄清薇，杜慧芳，译．澳门：澳门大学法学院及澳门基金会出版, 1998.

5. 迪奥戈·弗雷塔斯·亚玛勒．行政法教程［M］．黄显辉，黄淑禧，黄景禧，译．北京：社会科学文献出版社, 2020.

6. 比克斯．法律、语言与法律的确定性［M］．邱昭继，译．北京：法律出版社, 2007.

7. 齐佩利乌斯．法学方法论［M］．金振豹，译．北京：法律出版社, 2009 年．

8. 德沃金．法律帝国［M］．李常青，译．北京：中国大百科全书出版社, 1996.

9. 汉娜·阿伦特．康德政治哲学讲稿［M］．罗纳德·贝纳尔，编, 曹明, 苏婉儿，译．上海：世纪集团出版社、上海人民出版社, 2013.

10. 萨维尼．萨维尼法学方法论讲义与格林笔记［M］．杨代雄，译．北京：

法律出版社，2014.

11. 詹姆斯·布坎南. 制度契约与自由：政治经济学家的视角［M］. 王金良，译. 北京：中国社会科学出版社，2013.

12. 思拉恩·埃格特森. 经济行为与制度［M］. 吴经邦，李耀，朱寒松，等译. 北京：商务印书馆，2004.

四、外文著作及研究报告

1. Timothy A.O.Endicott（2000），Vagueness in Law，Oxford press.

2. White, M.（1984）. Bankruptcy, liquidation and reorganization. In D. Logue（Ed.）, Handbook of modern finance. New York：Warren, Gorham and Lamont.

3. António Menezes Cordeiro：（1984），Boa vontade EM Direito civil, Universidade de Coimbra（Vol I）.

4. João Baptista Machado（1991）Tutela da Confiança e "Venire Contra Factum Proprium". Braga：Scientia Iuridica.

5. LARENZ, Karl（2005）. Metodologia da Ciência do Direito. 4ª ed. FundaçãoCalousteGulbenkian, Lisboa.

6. Antó nio Menezes Cordeiro：（1984），Boa vontade EM Direito civil, Universidade de Coimbra（Vol I）.

7. Manuel A. Carneiro da Frada（1997），Uma "Terceira Via" no Direito da Responsabilidade Civil?，Universidade de Coimbra.

8. Antó nio Menezes Cordeiro：（1984），Boa vontade EM Direito civil, Universidade de Coimbra（Vol II）.

9. Luís Filipe Colaço Antunes（1984），Protecçãojurisdicional DOS interesses descentralizados，Universidade do Porto.

10. Rui Medeiros（1992），Estrutura e âmbito Da acção de reconhecimento

do DireitoOu DOS jurosProtegidos PELA Lei, Universidade de Coimbra.

11. Marcelo Rebelo de Sousa (1999), Curso de Direito administrative (VOL I), Universidade de Lisboa.

12. Jose Allen S.M.Fontes (1996), Um estudocuidadoso do abstrato do conceito de justiça no Quinto volume Da Ética de Nicómaco, Compre o livro Ab Und Ad Omnes.

13. António Braz Teixeira (2000), O conceito de justiça NOS pensamentoscontemporâneos, Pesquisa EM honra do Professor Pedro Soares Martinez (VOL I).

14. José Manuel SérvuloCorreia (1995), Apelojudiciário e Estado de Direito, Universidade de Lisboa (VOL 36).

15. United Nations (2017): United Nations Practical Manual on Transfer Pricing for Developing Countries 2017.